Mindset To-Go

1000 kraftvolle Affirmationen für mehr

Selbstvertrauen, Erfolg & Fülle

Fatime Hyseni & Lisa Jara

Mindset To-Go

www.fatime-hyseni.de

Für Fragen und Anregungen:
fatime.hyseni@outlook.de
Auflage 2019

"Your mind is a powerful thing.
When you fill it with positive thoughts,
your life will start to change."

INHALT

Vorwort

Liebe Leserin, lieber Leser,
Hallo und herzlich willkommen!

Wir freuen uns sehr, dass du dieses Buch gefunden hast und bereit bist, dein Leben selbst in die Hand zu nehmen und es mit mehr Freude und Leichtigkeit zu gestalten! Wir, das sind Fatime Hyseni und Lisa Jara. Fatime begleitet und unterstützt Frauen, die mit ihrem Herzensbusiness so richtig durchstarten möchten, damit sie alle ihre Ängste hinter sich lassen können, um ein Leben in Vertrauen, Fülle und Leichtigkeit aufzubauen. Gleichzeitig leitet sie eine Agentur, die Videobotschaften für Unternehmen und Selbstständige erstellt, welche ihre Zielgruppe mit ihrer persönlichen Botschaft mitten im Herzen berühren möchten. Fatime hatte diese Idee ein Buch über Glaubenssätze zu schreiben, warum sie uns an unserem Erfolg hindern und wie wir daran etwas ändern können, doch darüber sind schon viele großartige theoretische Bücher geschrieben worden. Ihr ist es vielmehr ein Anliegen ihren Lesern ein Werkzeug (oder gar ein Spielzeug) mitzugeben, mit dem sie leicht arbeiten können, damit alles nicht nur bloße Theorie bleibt. Sie wollte etwas erstellen, das Menschen ganz konkret hilft, ins Tun zu kommen, Spaß an der Veränderung zu entwickeln und jeden Tag ein bisschen mehr Freude in ihr Leben einzuladen.

Lisa hat auf ihrem eigenen Weg zur inneren Freiheit selbst immer wieder festgestellt, welche komischen, einschränkenden und teils widersprüchlichen Sätze so in unseren Köpfen schwirren, die uns wieder und wieder davon abhalten das zu tun, was wir lieben. Die uns davon abhalten uns zu erlauben das Leben unserer Träume zu leben, weil sie uns angebliche Wahrheiten und Sicherheit vorgaukeln, die nur in unseren

Gedanken besteht. Da sie gut mit Worten umgehen und anschaulich erklären kann, hat Fatime sie gefragt, ob sie nicht ihre Fähigkeiten zusammentun und dieses tolle Projekt ins Leben rufen wollen.

Wir haben dieses Buch zusammen erschaffen, weil wir davon überzeugt sind, dass du das schönste Leben verdient hast, das du dir vorstellen kannst. Und nur du hast es in der Hand, das wahr werden zu lassen, Glaubenssatz für Glaubenssatz, jeden Tag ein kleines bisschen mehr. Wir würden uns also freuen, wenn du mit diesem Buch arbeitest, wenn du andere animierst selbst damit zu arbeiten, wenn du zusammen mit anderen damit arbeitest. Dieses Buch ist nicht dazu gedacht im Regal zu verstauben, sieh es als Arbeitsbuch, als Do-It-Yourself-Buch, wie auch immer du es nennen oder benutzen willst. Du kannst es auch verschenken – zum Geburtstag, zu Weihnachten, zu einem besonderen Anlass oder auch einfach nur so. Verschenke positive Gedanken, die haben wir alle verdient.

Und wenn du mit dem Buch zufrieden bist, würden wir uns natürlich sehr über eine Rezension freuen. Oder eine Nachricht auf Instagram. Du kannst auch gerne deine tollen neuen positiven Glaubenssätze mit uns teilen, hinterlasse uns dafür ein Foto auf Instagram und markiere uns mit @mindset_togo. Wir wünschen dir ganz viel Spaß und dass du jeden Schritt auf dem Weg zu mehr Freude und Leichtigkeit genießt!

Einleitung

Affirmationen sind heutzutage in aller Munde, doch braucht es tatsächlich noch ein weiteres Buch über sie? Wir finden Ja, denn anders als in der meisten Literatur, geht es uns darum, dir praktische Ideen an die Hand zu geben, wie du Affirmationen in deinen Alltag einbauen kannst. Dieses Buch hat nicht den Anspruch, dir die Theorie hinter Glaubenssätzen und Affirmationen genau zu vermitteln. Dazu gibt es bereits tolle Literatur und wir stellen dir am Ende des Buches eine Liste mit inspirierenden Werken zusammen.

Wir wollen, dass du sofort loslegen kannst dein Leben spielerisch zu verändern, denn „Übung macht den Meister"! (Übrigens ein sehr schönes Beispiel für einen positiven bzw. stärkenden Glaubenssatz.) Nach einer Einführung, was Glaubenssätze eigentlich sind, warum wir sie haben und wieso es hilfreich sein kann, sie durch Affirmationen zu verändern, geht es direkt ins Tun - denn vom Lesen alleine ändert sich in der Regel nicht so viel. Es geht darum, direkt loszulegen, am besten noch Hier und Heute, um mit ganz viel Spaß und Freude immer mehr Leichtigkeit, Vertrauen und Fülle in dein Leben einzuladen.

Ein kleiner Hinweis: Auch, wenn der Fokus dieses Buches ganz klar auf der Veränderung von „negativen" (limitierenden oder einschränkenden) Glaubenssätzen hin zu „positiven" (aufbauenden oder stärkenden) liegt, möchten wir nicht den Eindruck erwecken, dass es darum geht ab jetzt nur noch positive Gedanken zu haben oder gar die schmerzlichen Gedanken und Gefühle zu unterdrücken. Gedanken und Gefühle kommen und gehen und sowohl die aufbauenden als auch die schmerzlichen haben ihren Sinn und ihre Berechtigung. Bitte verurteile dich auch nicht dafür, dass du einschränkende Glaubenssätze hast. Denn gerade diese Glaubenssätze und schmerzlichen Gefühle sind es, die uns dabei helfen uns bewusst zu werden, welche Bereiche in unserem Leben Veränderung erfahren müssen, um unsere eigene höchste Vision zu leben. Sie helfen uns auch dabei die positiven Sätze und Affirmationen zu formulieren, die wir brauchen, um unser Leben in eine positive Richtung zu lenken. Alle Gedanken und Gefühle sind wichtig und wollen gefühlt, gesehen, anerkannt und angenommen werden, und ein jeder/ein jedes bringt seine eigene Heilung mit sich. Für unser Buch gilt also: Nimm nur das an und mit, was du gerade brauchst und sich für dich richtig anfühlt. Wenn dich eine Affirmation nervt oder triggert, leg sie weg. Oder du fragst dich, warum gerade dieser Satz so eine starke Reaktion in dir auslöst. Vielleicht verbirgt sich genau hier ein sehr tiefsitzender, dich einschränkender Glaubenssatz, den du in etwas Positives verwandeln könntest, wenn du dich auf diese Erfahrung einlässt. Versuche alle Erwartungen an dieses Buch und diese Arbeit loszulassen und ganz offen und neugierig dafür zu sein, was sich dir zeigen will. Nur du kannst entscheiden, was dir hilft ein Leben in Vertrauen und Fülle zu erschaffen.

Ein Glaubenssatz- Was ist das eigentlich?

Ganz platt gesagt sind Glaubenssätze Sätze an die wir ganz fest glauben, die wir für wahr halten, unsere persönlichen tiefen Überzeugungen. Es sind die Sätze, die wir uns täglich immer und immer wieder sagen, die wir immer und immer wieder denken, teilweise bewusst, aber noch viel öfter unbewusst. Und je nachdem welche Gefühle sie auslösen, sprechen wir von stärkenden oder einschränkenden Glaubenssätzen. Wir haben uns ganz bewusst dafür entschieden, in unserem Buch möglichst wenig von „positiven“ versus „negativen“ Glaubenssätzen zu sprechen. Die Sätze an sich sind erstmal nur das – Sätze. Doch je nachdem wie sie benutzt werden, wie sehr wir sie uns zu Herzen nehmen und was sie in uns auslösen, führen sie entweder dazu, dass wir uns gestärkt und sicher fühlen, oder eben ängstlich, ungeliebt und ungenügend. Gedanken wie „Ich bin ein kreativer Mensch.“, „Meine Bedürfnisse sind wichtig.“ oder „Ich finde immer eine Lösung.“ führen dazu, dass wir uns bestärkt und gut fühlen, dass wir mit einer positiven Grundeinstellung in Situationen gehen. Das sind „positive“ bzw. stärkende Glaubenssätze. Gedanken wie „Ich kann das (die Aufgabe, kochen, Mathematik) nicht.“, „Ich bin ein hoffnungsloser Fall.“, „Ich darf meine Bedürfnisse nicht vertreten, sonst heißt es ich sei egoistisch.“ führen eher dazu, dass wir uns schlecht fühlen, unsere Stimmung gedrückt ist und der Welt misstrauisch gegenüberstehen. Das sind die „negativen“ bzw. einschränkenden Glaubenssätze. Doch woher kommen diese Sätze und wieso haben sie so einen großen Einfluss auf uns?

WO KOMMEN GLAUBENSSÄTZE HER?

Keiner von uns steht morgens auf und denkt sich „So, wenn ich meinen Kaffee ausgetrunken habe, erfinde ich mir mal neue Glaubenssätze". So einfach ist das nämlich leider nicht. Die Herkunft von Glaubenssätzen kann ebenso vielfältig sein wie die Glaubenssätze selbst. Und den Ursprung eines einzelnen Glaubenssatzes kann man manchmal gar nicht ausfindig machen. Viele entstehen schon während unserer Kindheit und Jugend, wo wir sie von unseren Eltern in der Erziehung übernehmen. Auch andere Vorbilder oder unser soziales Umfeld können uns ihre Glaubenssätze übertragen. Und oft entstehen sie auch aufgrund von unseren Erlebnissen und Erfahrungen und der Art und Weise, wie wir diese Situationen interpretieren.

WARUM GIBT ES SIE?

Die Antwort auf diese Frage liegt in der Evolutionsgeschichte des Menschen begründet. Die primäre Aufgabe unseres Gehirns ist es, uns zu schützen, dafür zu sorgen, dass wir überleben. Einerseits durch die unbewusste Steuerung unserer lebenswichtigen Versorgung wie Atmung und Herzschlag, andererseits durch die (teilweise) bewusste Steuerung unseres Verhaltens.
Die Welt ist groß, mit unendlichen und oftmals unvorhersehbaren Möglichkeiten und Gefahren. Unser Gehirn ist mit dieser Flut von Informationen überfordert und braucht daher eine Möglichkeit, die Welt ein bisschen einschätzbarer, ein Stück weit kontrollierbar zu machen. Dafür bedient es sich der Kategorisierung. Und Glaubenssätze sind hierbei eine einfache Möglichkeit, Menschen und Situationen schneller in Kategorien einzuteilen und daraus Entscheidungen abzuleiten, die unser Überleben sichern. Stell dir für einen Moment unsere Vorfahren vor, die noch als Jäger und Sammler in Höhlen lebten. Wenn sie Hunger hatten, mussten sie sich heraustrauen, wo jederzeit Gefahr bestand, dass sie von größeren Tieren angegriffen und getötet würden. Sie gingen also in den Wald, um Beeren zu sammeln und kamen auf eine Lichtung, die von dichten Büschen mit reifem Obst umgeben war, das sie einsammelten. Plötzlich war ein Rascheln zu hören und ein riesiger Bär kam aus einem der Büsche auf sie zu. Wer da nicht schnell genug reagierte, die Beine in die Hand nahm und zurück zur Höhle rannte, überlebte den Tag nicht. Am nächsten Tag überlegten unsere Vorfahren dann zweimal, bevor sie sich wieder in den Wald begaben, um Früchte und Nüsse zu sammeln. Und wenn sie etwas rascheln hörten - und sei es nur eine Maus, die durch die Blätter sauste

– klopfte ihnen sofort das Herz und sie waren bereit blitzschnell zurück zur Höhle zu sprinten. Was war passiert? Durch die Begegnung mit dem Bären am Vortag hatten ihre Gehirne Glaubenssätze entwickelt. Zum Beispiel „Rascheln bedeutet Gefahr.“, „Lichtungen im Wald sind gefährlich.“ oder gar „Der Wald ist gefährlich.“. Dies führte damals dazu, dass unsere Vorfahren gefährliche Situationen mieden und überlebten.

WARUM ERSCHAFFEN SIE MEINE REALITÄT?

Heute werden wir zugegebenermaßen meist nicht mehr von Bären, Wölfen oder Säbelzahntigern gejagt. Doch unser Gehirn funktioniert noch nach demselben Prinzip. Hat es eine Situation als für uns gefährlich eingestuft, entwickelt es einen Glaubenssatz, der verhindern soll, dass wir noch einmal so einer Situation ausgesetzt sind. Die Situationen können dabei unser körperliches Überleben betreffen, aber genauso gut solche sein, in denen wir beschämt, unser Verhalten als lächerlich oder unsere Bedürfnisse als unwichtig dargestellt werden. Denn die soziale Isolation, die erfolgt, wenn andere Menschen uns ablehnen, konnte in den Zeiten unserer Vorfahren ebenso den Tod bedeuten, wie der Säbelzahntiger. Ein Mensch alleine fiel deutlich leichter Tieren und anderen Gefahren zum Opfer als eine Gruppe. Daher sorgt unser Gehirn dafür, dass wir möglichst nur „sichere“ Situationen erleben und immer sozial eingebunden und gemocht/geliebt werden. Das mag bei Sätzen wie „Ich sollte nachts keine unbeleuchtete Straße entlanggehen, vor allem nicht in bestimmten Vierteln.“ durchaus sinnvoll und schützend sein. Doch gerade im sozialen Kontext bedeutet es oft, dass wir unsere eigenen Bedürfnisse hintenanstellen, unsere eigene Persönlichkeit hinter einer Maske verstecken, um „sozial akzeptabel“ zu sein und Glaubenssätze entwickeln, dass wir so, wie wir sind, nicht in Ordnung seien.

Unser Gehirn will uns in Sicherheit halten und spielt uns immer wieder die gleichen Glaubenssätze vor, da es die Erfahrung gemacht hat, dass wir in der Vergangenheit mit ihnen überlebt haben. Doch genau da liegt die Krux: Die Glaubenssätze resultieren immer aus Erfahrungen aus unserer Vergangenheit und führen dazu, dass wir immer wieder das gleiche Verhalten an den Tag legen. Wir reagieren in ähnlichen Situationen immer wieder auf dieselbe Weise, aus Angst vor dem Unbekannten, vor der „Gefahr“, die eine neue Reaktion bieten könnte und trauen uns nicht, etwas zu verändern.

Ein weiterer wichtiger Aspekt, warum Glaubenssätze unsere Realität so massiv beeinflussen, ist, dass Glaubenssätze eine Art sich selbst erfüllende Prophezeiung sind. Ein einfaches Beispiel: Wenn dein Glaubenssatz lautet „Immer werde ich von anderen unfreundlich behandelt.“, wird das in der Regel zu zwei Phänomenen führen: Zum einen fokussiert sich dein Gehirn auf solche Situationen, die diesen Satz belegen. Dir fallen dann beim Gang durch die Stadt die Leute auf, die dich böse anschauen (obwohl sie vielleicht selbst mit ihrem Leben unzufrieden sind und nur zufällig in deine Richtung geschaut haben) und solche, die dich lächelnd anschauen bemerkst du nicht (oder empfindest ihr Lächeln als unecht und denkst sie würden dich hinter deinem Rücken verhöhnen). Zum anderen strahlst du diese Abwehrhaltung aus und funkelst vielleicht andere Menschen unfreundlich an, woraufhin sie mit Unfreundlichkeit reagieren, obwohl sie dir eigentlich gerade ein Lächeln schenken wollten.

Doch auch umgekehrt funktioniert diese sich selbst erfüllende Prophezeiung. Wenn du denkst, dass heute ein wunderbarer Tag ist und die Menschen dir freundlich gesonnen sind, wirst du eher die Dinge und Situationen wahrnehmen, die das bestätigen. Die Frau, die dir den Vortritt lässt, der Spaziergänger, der dich freundlich grüßt - und wenn jemand missmutig in die Gegend blickt und dich finster anschaut, wirst du eher Mitgefühl mit der armen Person haben, weil sie vielleicht heute etwas Schreckliches erlebt hat, als dass du denkst ihre Grimmigkeit läge an dir. Wie das Gesetz der Anziehung besagt: Das, worauf du deine Aufmerksamkeit bzw. deine Energie richtest, wird sich vermehren. Und nur du triffst die Entscheidung, worauf du deine Aufmerksamkeit richten und was du somit mehr in dein Leben holen möchtest.

MANGELDENKEN VERSUS FÜLLEDENKEN

Mangeldenken bedeutet, dass wir uns in einem Gefühl des Mangels befinden: Unsere Gedanken/Glaubenssätze sagen uns wir könnten nicht genug (es mangelt uns an Fähigkeiten), wir hätten nicht genug (wir denken wir bräuchten mehr Klamotten, Liebe, Anerkennung ...), andere hätten mehr oder seien besser als wir (eine Form von „ich bin nicht genug“). Diese Art zu denken erzeugt ein ständiges Gefühl der Angst – zu kurz zu kommen, nichts wert oder nicht liebenswert zu sein, es nicht verdient zu haben. Diese Angst geht mit der Aktivierung des Sympathikus einher. Dies ist der Teil unseres Nervensystems, der für Aktionsfähigkeit zuständig ist, damit wir im Falle von Gefahr zum Beispiel weglaufen (die berühmte „fight, flight or freeze“-Situation). Es werden vermehrt Stresshormone ausgeschüttet und wir bzw. unser Körper befindet sich ständig im Hab-Acht-Modus. Dabei reduziert sich unsere Wahrnehmung auf die „Gefahr“ direkt vor uns, damit wir sie sicher überstehen. Sind wir im Mangeldenken gefangen, konzentriert sich unser Gehirn also auf das – vermeintlich – nackte Überleben und kann nicht mehr alle Informationen abrufen, die es braucht, um eine fundierte Entscheidung zu treffen. Nun gibt es in unserer heutigen Welt keine Säbelzahntiger mehr, vor denen wir weglaufen müssten, aber zum Beispiel die Angst nicht gut genug zu sein kann dazu führen, dass wir uns nur noch darauf konzentrieren, wo wir uns oder unsere Umwelt verbessern können und nicht mehr darauf achten, was wir denn vielleicht alles gut können oder wo es uns richtig gut geht.

Im Fülledenken hingegen klingen unsere Gedanken/Glaubenssätze eher nach „ich bin gut und liebenswert, so wie ich bin“, „ich kann die Herausforderungen meistern, denen ich im Leben begegne“, „ich darf für meine Bedürfnisse einstehen“. Diese Denkweise aktiviert den Parasympathikus, den Teil unseres Nervensystems, der für Erholung und Regeneration verantwortlich ist, und führt zu einer vermehrten Ausschüttung von Glückshormonen (z.B. Serotonin). Wir werden ruhiger und fühlen uns sicher.

In diesem Zustand der Entspannung wird unser Blick weit und wir sind offener für Neues, für innovative Ideen, wir sind kreativer. In diesem Zustand ziehen wir neue Möglichkeiten in Betracht und entwickeln Vertrauen, dass die Dinge schon richtig sind oder kommen, wie sie sollen. Und in diesem Zustand haben wir die Möglichkeit selbst zu entscheiden, wie wir unser Leben gestalten wollen, haben wir Gelegenheit hineinzuspüren, welche Glaubenssätze für uns wahr sind, wie wir unser Leben leben und an welchen Werten wir uns orientieren wollen. Doch wie kommen wir in dieses Fülledenken, das uns ja offensichtlich guttut? Und können wir es ganz bewusst selbst herbeiführen?

Glaubenssätze ändern

WIE WIRKEN GLAUBENSSÄTZE?

Auch wenn es sich oft nicht so anfühlt, am Ende sind wir alle selbst dafür verantwortlich, wie wir Dinge und Situationen auffassen, wie wir sie bewerten und mit ihnen umgehen bzw. auf sie reagieren. Was wie eine automatische Reaktion auf eine Situation scheint, ist in Wahrheit eine rasche Abfolge verschiedener Prozesse im Gehirn, die einzig das Ziel haben zu einer Handlung zu führen, die unser Überleben sicherstellt. Die Situation wird blitzschnell mit bereits erlebten Situationen verglichen, um herauszufinden wie wir in früheren Situationen überlebt haben. Unser Gehirn wird uns dann den Gedanken oder Glaubenssatz einflüstern, der zu der gleichen körperlichen Reaktion führt, wie damals. Ein Beispiel: In der Schule haben wir mal ein Referat halten müssen und während wir vorne vor der Klasse standen, tuschelten unsere Mitschüler im Hintergrund und lachten. Auch wenn unser Referat vielleicht gar nicht Bestandteil der Tuschelei war und auch das Lachen gar nicht uns betraf, haben wir daraus vielleicht den Glaubenssatz entwickelt „Wenn ich vor Menschen rede, werde ich lächerlich gemacht." oder „Wenn ich vor einer Gruppe rede, lästern die anderen über mich." Unser Gehirn stuft „vor Gruppen reden" als Gefahr ein und wird folglich in Zukunft alles tun, damit wir so einer Situation nicht mehr ausgesetzt sind. Wenn das nächste Referat ansteht, wird es uns mit diesen Sätzen konfrontieren, die Gefühle von Angst, Erniedrigung und Scham auslösen. Am Ende führt das zu körperlichen Reaktionen wie starkem Herzklopfen, vielleicht auch Kreislaufproblemen, die verhindern, dass wir unser Referat halten können. Weil wir unsere Gedanken und Glaubenssätze für die Wahrheit halten, führen sie also zu Gefühlen und auf diese reagieren wir wiederum (körperlich). Außerdem führen diese Gefühle zur Ausschüttung von Hormonen, in diesem Fall Stresshormone, wie oben gesehen.

In unserer heutigen Welt scheint es einen Überfluss von Gedanken wie „Ich bin nicht gut genug.", „Ich kann nicht genug.", „Ich bin nichts wert." und „Ich muss mich aufopfern, um liebenswert zu sein." zu geben. Dadurch befinden wir uns heutzutage viel zu häufig im Mangeldenken, welches Stresshormone ausschütten lässt und uns in einer Abwärtsspirale des Antreibens und der Selbstkritik gefangen hält. Daher ist es unglaublich wichtig, dass wir erkennen, welche (einschränkenden) Glaubenssätze wir mit uns herumtragen und wie wir sie ändern können, um ins Fülledenken zu kommen. Nur so können wir leichter und unbeschwerter durchs Leben gehen und es wieder genießen.

SOS-Tipp:

Wenn du feststellst, dass du in einer negativen Gedankenspirale steckst (zum Beispiel anhand einer körperlichen Reaktion, die du früher schon in solchen Stressmomenten beobachtet hast) gibt es zwei schnelle und effektive Methoden, um dort wieder herauszukommen. Die erste ist es, ins Hier und Jetzt zu kommen, was am besten über unseren Körper funktioniert. Unser Körper lebt immer nur im Hier und Jetzt, allein unser Kopf springt zwischen verschiedenen Zeiten hin und her. Tu' in solchen Momenten also sofort etwas, das deinen Körper mit einbezieht. Führe z.B. einen Bodyscan durch, atme ein paar Mal tief ein und aus und spüre, wie sich Brustkorb und Bauch heben, nimm wahr wie deine Füße den Boden berühren, mache einen Handstand oder ein paar Liegestütze oder eine andere körperlich herausfordernde Übung auf die du dich konzentrieren musst. Das hilft dir, wieder in diesem Moment anzukommen und zu erkennen, dass es dir jetzt, hier und heute, gut geht und dein Leben nicht akut bedroht ist. Diese kurze Atempause hilft dir zu erkennen, dass es nur deine Gedanken waren, die dich in dieser Spirale gefangen hielten und du kannst nun wieder selbst bestimmen, welchen Gedanken du folgen willst (den aufbauenden, nährenden) und welche du ziehen lässt, weil sie dir nicht guttun. Die zweite Methode ist, sofort 20 Dinge aufzuzählen, für die du in deinem Leben dankbar bist. Dies gibt deinem Gehirn etwas Konkretes zu tun, worauf es sich konzentrieren muss, sodass es die Gedankenspirale nicht weiterspinnen kann. Außerdem lässt diese Konzentration auf Dankbarkeit unseren Körper Glückshormone ausschütten und du wirst merklich ruhiger und entspannter. So kannst du die Situation und deine Gedanken neu bewerten und entscheiden, welche der Gedanken du glauben möchtest (die aufbauenden und nährenden!).

WIE ERKENNE ICH MEINE EINSCHRÄNKENDEN GLAUBENSSÄTZE?

Um das erfüllte und glückliche Leben deiner Träume zu führen ist es hilfreich zu wissen, welche belastenden, einschränkenden Glaubenssätze dich zurzeit noch daran hindern. Hierzu kannst du zum Beispiel aufschreiben, was dir den ganzen Tag über so an Sätzen durch den Kopf geht. Was sagst du dir besonders häufig, vor allem im negativen Sinn? Welcher Gedanke zwingt sich dir in manchen Situationen förmlich auf? Welche Urteile fällst du über dich und andere? Analysiere nach einer belastenden Situation einmal, was du in dem Moment gedacht hast, das zu deiner Reaktion geführt hat. Das ist nicht immer ganz einfach oder auf den ersten Blick ersichtlich, gib dir mit dieser Übung etwas Zeit und setz dich nicht unter Druck. Wenn du dann die „negativen" Sätze gefunden hast, überlege wie du sie so umformulieren kannst, dass sie das Gegenteil, etwas Positives ausdrücken. Dies sind dann die Sätze, mit denen du arbeiten kannst.

Übung:

Nimm dir morgens oder abends (oder wenn dein Kopf mal wieder voll von Gedanken ist, die schneller und schneller in ihm herumwirbeln) einen Moment Zeit und hole Papier und Stift. Nun schreibe alle Gedanken auf, ungeordnet, lass alles raus: Die Sorgen und Probleme, die To-Dos, die „hätte", „sollte", „könnte", alles, was deinen Kopf gerade beschäftigt. Dann nimmst du einen roten Stift und schreibst alle Sätze, die schmerzliche Gefühle auslösen, und alle Sätze, die dich erniedrigen, dir nicht dienlich oder hilfreich sind, die mit deiner Vision und deinen Werten nicht übereinstimmen auf die linke Seite eines neuen Blattes. Anschließend schnappst du dir einen grünen Stift und schreibst alle stärkenden Sätze, alles, was dich aufbaut und dir ein gutes Gefühl gibt auf die rechte Seite des Blattes. Hier kannst du schon mal einschätzen, welche Art von Gedanken sich tagtäglich in deinem Gehirn tummeln und ob sie in der Regel eher „positiver" oder eher „negativer" Art sind.

Zum Abschluss machst du dich jetzt daran alle negativen Sätze umzudrehen, zu positiveren. Schreibe für jeden negativen Gedanken einen gegenteiligen, positiven Gedanken in Gegenwartsform auf. Lautet dein negativer Satz zum Beispiel „Ich komme mit meiner Arbeit überhaupt nicht hinterher, ich bin viel zu langsam und müsste schon so viel weiter sein." könntest du ihn umformulieren in „Ich lerne, lebe und arbeite in meinem Tempo und das ist genau richtig für mich."

WIE KANN ICH SIE VERÄNDERN?

Im Prinzip gibt es zwei verschiedene Methoden in der Zukunft mit stärkenden Glaubenssätzen durch dein Leben zu gehen. Bei der ersten überschreibst du deine bereits existierenden einschränkenden Glaubenssätze mit neuen aufbauenden Glaubenssätzen. Wie du deine belastenden, einschränkenden Glaubenssätze ausfindig machst, hast du bereits im vorigen Kapitel gelernt, ebenso wie du daraus aufbauende Glaubenssätze, sog. Affirmationen, ableitest und formulierst. Mithilfe dieser Affirmationen kannst du deine einschränkenden Glaubenssätze dann langfristig überschreiben. Das Überschreiben von alten Glaubenssätzen ist also sozusagen die langfristige Vernetzung eines neuen Gedankenweges. Die andere Methode ist das neue Einführen von positiven Affirmationen. Wenn du Situationen hast, in denen du dich unwohl fühlst, aber keine konkreten Glaubenssätze ausfindig machen kannst, kannst du diese auch nicht ändern. Du kannst aber neue Affirmationen aufnehmen, die deinen Wünschen und Zielen entsprechen. Bei dieser Methode überschreibst du also nicht bestehende Glaubenssätze, sondern führst gezielt solche ein, die dich auf deinem Weg weiterbringen. Aber was genau sind eigentlich Affirmationen und wie arbeitest du damit am effektivsten?

AFFIRMATIONEN

Affirmationen sind kurze und prägnante Sätze, die sich gezielt an dein Unterbewusstsein richten. Unser Unterbewusstsein kennt nur die Gegenwart, das Konzept von Vergangenheit oder Zukunft sind ihm fremd. Daher können wir Affirmationen nutzen, um unserem Unterbewusstsein zu suggerieren, dass der beschriebene Satz bereits dem jetzigen Zustand entspricht, dass er schon wahr ist. Das Wort Affirmation leitet sich vom Lateinischen affirmatiō ab, was übersetzt ‚Beteuerung' oder ‚Versicherung' bedeutet. Affirmationen versichern also unserem Gehirn, dass der Zustand schon eingetreten ist. Und das Universum wird dann alles in Bewegung setzen, damit unser restliches Leben ebenso dieser „Wahrheit" entspricht.

Damit das auch funktioniert gibt es für die Erstellung von Affirmationen ein paar kleine Regeln: Da unser Unterbewusstsein keine Vergangenheit oder Zukunft kennt, sind Affirmationen immer in der Gegenwart formuliert, sie enthalten keinen Konjunktiv (würde, könnte, sollte, möchte). Außerdem soll der Satz möglichst kurz und einfach sein, so konkret wie möglich. Und das Wichtigste: Die Affirmation muss positiv formuliert sein. Sie sollte möglichst keine Verneinungen enthalten, denn auch diese beeinflussen unser Unterbewusstsein. Statt „Ich bin nicht schwach." schreibe „Ich bin stark."

WIE ARBEITEN AFFIRMATIONEN UND WANN TRITT IHRE WIRKUNG EIN?

Wie bereits geschrieben richten sich Affirmationen immer an das Unterbewusstsein. Dieses speichert unsere Einstellungen, Erinnerungen, Motive, Vorstellungen und Eindrücke ab, die zwar ein Teil von uns sind und sich in unseren Handlungen widerspiegeln, aber die wir in der Regel nicht bewusst/aktiv steuern. Außerdem nimmt unser Unterbewusstsein all die Dinge auf, die für unser Bewusstsein schlicht überfordernd wären: Geräusche, Gerüche, Reize, Stimmungen und alle möglichen anderen Wahrnehmungen und Eindrücke. Und genau hier entsteht auch unsere Intuition, unser Bauchgefühl. Weil das Unterbewusstsein alle diese Eindrücke und Wahrnehmungen festhält, kann es die Situationen viel besser erfassen, hat viel mehr Informationen zu ihrer Auswertung und Einschätzung und kann uns durch ein Gefühl oder eine Art Stimme im Kopf die richtige Entscheidung eingeben.

Und genau das machen wir uns bei der Arbeit mit Affirmationen zunutze. Weil unser Unterbewusstsein so einen großen Einfluss auf unser Leben hat, speichern wir Affirmationen dort ab, damit diese positiven, stärkenden Glaubenssätze (und nicht mehr die belastenden) fortan unsere Gefühle und Handlungen leiten.

Das Hindernis dabei ist unser Bewusstsein, der aktive Teil unseres Gehirns, der versucht uns jederzeit zu beschützen. Da neue Möglichkeiten auszuprobieren und neue Wege zu beschreiten immer eine gewisse Unsicherheit mit sich bringt, weil der Ausgang noch unklar ist, versucht unser Gehirn uns davon abzubringen, indem es Zweifel sät. „So wie es bisher immer abgelaufen ist, war doch eigentlich gar nicht so schlecht, auf jeden Fall warst du damit immer auf der sicheren Seite." „Ach, was beklagst du dich denn eigentlich, es könnte dir doch noch viel schlechter gehen." Solche Gedanken erschweren es uns, Veränderung in unser Leben zu bringen. Um diese Hürde zu überwinden machen wir uns eine Eigenschaft unseres Unterbewusstseins zunutze: Im Gegensatz zu unserem Bewusstsein schläft es niemals, ist immer aufmerksam! Daher gilt es für die Arbeit mit Affirmationen einen Zeitpunkt zu finden, an dem das Bewusstsein/unser Gehirn unaufmerksam oder schläfrig ist. Wenn wir in diesem Moment mit neuen, positiven Glaubenssätzen arbeiten, gelangen sie nämlich direkt ins Unterbewusstsein und können ihre Wirkung viel schneller entfalten. Ein guter Zeitpunkt ist zum Beispiel morgens nach dem Aufwachen, am besten sogar noch im Bett. Oder abends kurz bevor du einschläfst. Eine andere Möglichkeit ist, die Affirmation zu einem Zeitpunkt zu hören/sprechen/lesen, wenn dein Bewusstsein gerade mit einer Routineaufgabe

„abgelenkt“ ist. Du kannst dir die Affirmation zum Beispiel aufsprechen und anhören während du kochst, putzt oder Auto fährst. Dein Bewusstsein ist dann mit der Aufgabe beschäftigt, aber da dein Unterbewusstsein nie schläft, bekommt es die Affirmation direkt mit.

Das Wichtigste in der Affirmationsarbeit ist jedoch die Regelmäßigkeit. Nach einmal lesen oder hören wird eine Affirmation leider noch nicht in deinem Unterbewusstsein gespeichert. Je öfter du sie dir jedoch vor Augen hältst (egal ob du sie liest, sprichst oder hörst), umso schneller kannst du sie verankern. Auf diesem Wege sind deine Glaubenssätze übrigens auch in deinen Kopf gekommen. Mit jedem „Ich bin zu dick.“ verankerst du diese Denkweise mehr in deinem Gehirn und sie wird zu deiner persönlichen Wahrheit. Diese stetige Wiederholung über einen langen Zeitraum macht es auch so schwierig von alten Sätzen loszukommen, den Gedanken hast du schließlich über Jahre eingebrannt. Daher ist es wichtig, dass du an der Affirmationsarbeit dranbleibst und die neuen Affirmationen/Glaubenssätze immer und immer wieder aufsagst, über sie nachdenkst, sie verinnerlichst. Fühle dich am besten so richtig in den Satz hinein, überlege dir „Warum ist dieser Satz für mich wahr?“, „Welche Beispiele in meinem Leben zeigen mir, dass er wahr ist?“ und erstell eine Liste mit 10 Dingen, die das bestätigen. Lautet deine Affirmation zum Beispiel „Ich liebe das Leben.“, dann schreibe 10 Dinge auf, die du am Leben liebst: „meinen Kaffee am Morgen“, „die Stille während des Sonnenaufgangs“, „die Verbundenheit mit meinen Freunden“ usw. Überlege dir, in welchen Situationen oder bei welchen Tätigkeiten du diesen Satz schon als wahr empfindest und versuche mehr von ihnen in dein Leben zu integrieren. Und schließlich: Handle danach. Richte deine Handlungen so aus, als sei dieser Satz bereits wahr. Wenn wir bei o.g. Beispiel bleiben, dann verhalte dich so, dass du das Leben liebst. Tu‘ mehr von dem, was dir Spaß macht und was du liebst. Triff dich mit Freunden. Verzeihe Fehler – die anderer oder deine eigenen. Schenke anderen ein Lächeln, einfach so. Zähle täglich fünf Dinge auf, für die du dankbar bist. Und sammle mit den Erfahrungen, die aus deinem neuen Verhalten resultieren wieder weitere Bewiese dafür, dass der Satz für dich wahr ist. So verlieren auch die hartnäckigsten einschränkenden Glaubenssätze nach und nach ihren Einfluss und die neuen bringen positive Veränderung in dein Leben.

1000 Affirmationen To-Go

Da du jetzt weißt, wie Glaubenssätze funktionieren und warum es sinnvoll ist, dein Gehirn mithilfe von Affirmationen aus einem Zustand des Mangels in einen Zustand der Fülle zu bringen, lass uns am besten direkt mit dieser tollen Arbeit anfangen! Denn eins versprechen wir dir: Es ist unheimlich befreiend und bereichernd zu entdecken wie wunderschön unser Leben sein kann, wenn wir es nur zulassen. Im Folgenden findest du Ideen und Anregungen, wie du mit deiner Glaubenssatzarbeit sofort anfangen kannst. Entscheide dich für eine Methode, such' dir aus verschiedenen Methoden das Beste für dich zusammen oder kreiere sogar dein ganz persönliches tägliches Ritual - deinen Ideen sind keine Grenzen gesetzt! Wichtig ist wie gesagt nur: Mach es regelmäßig. Unser Gehirn lernt durch stetige Wiederholung. Um also dauerhafte Veränderung herbeizuführen ist es besser, täglich 5 Minuten mit deinen Affirmationen zu verbringen, als einmal die Woche eine halbe Stunde. Und nun ganz viel Spaß!

VORBEREITUNG

Auf den folgenden Seiten haben wir 1000 Affirmationen für dich zusammengestellt und in verschiedene Kategorien eingeteilt. Lies dir die Affirmationen in Ruhe durch, am besten nicht alle auf einmal, um dich nicht zu überfordern. Halte bei jeder kurz inne und spüre in dich hinein, ob es „deine" Affirmation ist. Wenn „Ja", markiere sie, wenn „Nein", lies die nächste und wenn „Vielleicht", überlege, ob du sie einfach ein wenig umformulieren und in deinen Worten wiedergeben kannst, damit es ein klares „Ja" wird. Versuche nicht zu bewerten wie viele oder wenige Affirmationen du markierst. Hier zählt Qualität vor Quantität, lass dich von deiner Intuition leiten, welche Affirmationen richtig gut zu dir passen. Anschließend kannst du die Seiten mit den markierten Affirmationen ausdrucken (wenn du das Taschenbuch erworben hast, kannst du die Affirmationen auch direkt im Buch auswählen und herausschneiden) oder – falls du keinen Drucker zur Verfügung hast oder einfach gerne schreibst und bastelst – dir selbst Karten gestalten und die Affirmationen abschreiben. Das ist dann sogar schon ein erster Schritt, dich näher mit dieser Affirmation auseinanderzusetzen, und kann dir helfen sie schneller zu verankern.

Ein kleiner Hinweis bevor du loslegst: Wir haben bewusst sehr viel Affirmationen ausgesucht, damit du auf jeden Fall einige findest, die dich ganz persönlich ansprechen. Es geht darum, nur die zu nutzen, die für dich richtig stimmig sind. Du kannst wie beschrieben gezielt die Seiten ausdrucken, deren Affirmationen dich am meisten ansprechen oder die leere Seite, damit du dir deine eigenen Lieblingsaffirmationen aufschreiben kannst. Du kannst auch eine Zeit lang nur mit Affirmationen aus einem bestimmten Lebensbereich arbeiten, der gerade wichtig für dich ist oder wo du dir Veränderung wünschst. Dir stehen alle Möglichkeiten offen, finde die passende für dich.

DIY ANLEITUNG BEHÄLTER

Besorge dir zwei Behälter mit denen du arbeiten willst. Das können selbst gebastelte Boxen sein oder gekaufte oder auch zwei schöne Schalen, je nachdem, was dir gerade Freude macht oder was du zu Hause hast. Falte nun die Affirmationskarten je zwei Mal zusammen und lege sie alle in einen der beiden Behälter, der andere bleibt leer. Nun ziehst du jeden Morgen eine Affirmation aus dem ersten Behälter, liest sie dir durch oder auch laut vor und nimmst dir vielleicht auch einen Moment, um dich in diese Affirmation hineinzufühlen. Spüre wie es ist, wenn sie wahr ist. Denke über den Tag immer wieder an sie, rufe sie dir zwischendurch immer wieder ins Bewusstsein. Du kannst den Zettel zum Beispiel mit zur Arbeit nehmen, ihn in die Hosentasche stecken, ihn am Monitor anbringen oder die Affirmation als Erinnerung in dein Handy einstellen. Du kannst dir den Satz auch wie ein Mantra aufsagen oder mit einer Mala, einer indischen Gebetskette, arbeiten. Und nimm dir am Abend auch nochmal ein paar Minuten, um dich mit der Affirmation zu verbinden. Warum ist dieser Satz wichtig für dich, warum er dich bei der Auswahl angesprochen? Wie fühlt es sich an, wenn der Satz Wirklichkeit ist, was ist dann in deinem Leben anders? Und wie kannst du diese aufbauenden und nährenden Gefühle, die die Affirmation dir vermittelt, auch sonst in deinen Alltag einbauen? Zum Abschluss legst du den Zettel in den zweiten Behälter und bedankst dich bei dir für deine Arbeit. So gehst du nun jeden Tag vor und während der eine Behälter immer leerer und der andere immer voller wird, bemerkst du langsam, dass sich auch in dir etwas verändert. Und das fühlt sich richtig gut an! Wenn du mit der letzten Affirmation gearbeitet hast, kannst du dir überlegen, ob du einfach wieder von vorne anfängst und Affirmationen aus dem jetzt vollen Behälter ziehst oder ob du vielleicht einige Affirmationen aussortieren möchtest und andere neu dazukommen sollen. Hör auf deine Intuition, sie wird dir sagen, wann du lange genug mit einer Affirmation gearbeitet hast.

Das Wichtigste bei diesem Prozess: Geh es spielerisch an. Leben passiert und wenn an einem Tag mal alles drunter und drüber geht und du keine Energie hast, dich mit deinen Affirmationen zu beschäftigen, dann mach einen Tag Pause und geh danach mit frischer Energie ans Werk. Die Arbeit mit deinen Affirmationen soll dir Spaß machen und nicht zur einer nervigen, zusätzlichen Pflicht werden. Geh hier ganz liebevoll mit dir um, du hast es verdient!

Variante:

Anstatt deinen Zettel abends in den zweiten Behälter zu legen, kannst du auch nur mit einem Behälter arbeiten und den Zettel wieder zu den anderen Affirmationen geben. Dabei kann es natürlich passieren, dass du kurz hintereinander die gleiche Affirmation erwischst, aber das festigt sie nur umso schneller und ist daher überhaupt kein Problem.

WANDKALENDER

Eine andere schöne Idee mit deinen Affirmationen zu arbeiten ist die Erstellung einer Art Vision Boards oder eines Wandkalenders, auf dem deine Affirmationen jeden Tag für dich zu sehen sind. Wie bei der anderen Methode bereitest du die Zettel mit den Affirmationen vor, statt sie jedoch zu falten und in einen Behälter zu legen, lagerst du sie in glatter Form in einem großen Briefumschlag, einer kleinen Schatulle oder einer leeren Taschentuchschachtel. Zusätzlich brauchst du diesmal einen kleinen Wandkalender, eine kleine Pinnwand, eine Magnettafel oder ähnliches. Das Prinzip ist dasselbe wie bei den Behältern, du ziehst morgens deine Affirmation, fühlst dich hinein, lässt sie dich durch den Tag begleiten und denkst auch am Abend nochmal über ihre Bedeutung für dich nach. Statt sie jedoch in einen anderen Behälter zu legen, klebst du den Zettel nun gut sichtbar auf deinen Wandkalender, pinnst ihn an die Pinnwand oder befestigst ihn auf deiner Magnettafel. So hast du die Affirmation immer wieder vor Augen und erinnerst dich an ihre Bedeutung für dich.

WEITERE METHODEN

Wie gesagt sind bei der Arbeit mit Affirmationen deinen Ideen keine Grenzen gesetzt. Statt die Affirmationen auf einen Wandkalender zu kleben, kannst du sie zum Beispiel auch in deinem Terminkalender oder einem Journal verewigen. So könntest du dir auch jeden Tag noch ein paar Notizen dazu machen, wie es sich angefühlt hat, mit der Affirmation zu arbeiten, warum sie dich anspricht und was sich in deinem Leben verändert, wenn sie Wirklichkeit wird. Finde die für dich passende Methode, sei kreativ und hab Spaß!

Bonus: Glaubenssätze für Kinder

WARUM ES HILFREICH SEIN KANN GLAUBENSSATZARBEIT MIT KINDERN ZU MACHEN

Nicht nur wir Erwachsenen brauchen manchmal positive Denkanstöße im Leben. Wie wir festgestellt haben tragen wir viele (einschränkende) Glaubenssätze schon seit unserer Kindheit mit uns herum. Daher kann es sinnvoll und wichtig sein, unsere Kinder spielerisch an die Arbeit mit Glaubenssätzen heranzuführen. Denn ein Kind, das grundsätzlich davon überzeugt ist, dass es geliebt wird, dass es wichtig ist und gut in der Schule sein kann und darf, wird viel leichter mit Rückschlägen im Leben umgehen können.

Zwar kannst du dein Kind nicht vor Enttäuschungen und unangenehmen Gefühlen schützen, diese sind einfach Bestandteil des Lebens. Doch du kannst ihm beibringen, dass es stark und intelligent genug ist, um mit diesen Situationen umzugehen und dass jede Situation auch etwas Gutes mit sich bringt (zumindest eine Erkenntnis oder eine Lektion). Dies erhöht die Selbstwirksamkeit deines Kindes ungemein. Selbstwirksamkeit ist das Gefühl, dass du einer Situation nicht machtlos ausgeliefert bist, sondern aktiv etwas dazu beitragen kannst, dass sie sich verändert. Und sei es nur dadurch, dass du deine eigene Einstellung änderst. Das ist ein enorm wichtiges Werkzeug, nicht nur für uns Erwachsene, sondern eben gerade auch für unsere Kinder. Damit lernt dein Kind auch, Veränderung als etwas Positives zu sehen, nicht etwas, das unbequem ist, Arbeit bedeutet oder wovor man Angst haben müsste. Ein schöner Nebeneffekt ist, dass du auf diese Weise wertvolle Zeit mit deinem Kind verbringst, mit ihm über das sprechen kannst, was es wirklich bewegt und beschäftigt und somit eine tiefe Verbundenheit und

Nähe zwischen euch schaffst. Mit der Glaubenssatzarbeit und diesen wichtigen Werkzeugen hilfst du deinem Kind also voller Selbstvertrauen, Mut, Neugier und Lebensfreude seinen eigenen Weg zu gestalten.

WIE KANN ICH DIE GLAUBENSSÄTZE (M)EINES KINDES ÄNDERN?

Die wichtigste Voraussetzung – bei Kindern wie bei Erwachsenen – ist, dass dein Kind selbst Lust darauf hat etwas zu verändern und es nicht dir/seinen Eltern zu Liebe tut oder weil Mama und Papa ihm dies auftragen. Glaubenssatzarbeit muss spielerisch geschehen. Denn das ist die Natur des Menschen, wir lernen im Spiel.

Ansonsten funktioniert der Prozess wie im Kapitel „Vorbereitung“ beschrieben: Du gehst mit deinem Kind die Affirmationen durch und ihr sucht gemeinsam die heraus, die am besten zutreffen. Die folgenden 200 Affirmationen sind besonders kindgerecht formuliert, damit dein Kind sich auch angesprochen fühlt. Auch hier gilt bei der Auswahl: Dein Kind muss ein klares „Ja“ beim Durchlesen oder Hören der Affirmation spüren. Bei einem „Nein“ ist die Affirmation zu diesem Zeitpunkt nicht die richtige und bei einem „Vielleicht“ kannst du ihm helfen die für es passenderen Worte zu finden, um eine eigene kleine Karte zu gestalten. Wenn ihr sie selbstgestaltet, lass dein Kind auch noch ein kleines Bild dazu malen, das festigt die Affirmation direkt und dein Kind hat Spaß dabei.

Jeden Morgen darf dein Kind nun einen Zettel ziehen und die Affirmation lesen (oder du liest sie ihm vor). Nehmt euch ein paar Minuten Zeit, über sie zu sprechen: Was bedeutet deinem Kind die Aussage? Wie fühlt es sich, wenn es sie hört oder liest? Welche Situationen könnte es geben, wo es besonders hilfreich ist, die Affirmation aufzusagen, um das Selbstvertrauen deines Kindes zu stärken?

Sprich dein Kind über den Tag verteilt immer wieder auf die Affirmation an. Kann es sich noch an sie erinnern? Gab es Situationen, in denen es diesen Satz gebraucht hätte oder hat es ihn sogar schon erfolgreich angewendet? Gestaltet euch ein kleines abendliches Ritual, in dem ihr den Zettel dann entweder in den zweiten Behälter wandern lasst, ihn in den ersten zurücklegt oder ihn an die Pinnwand heftet. Und auch hier gilt: Dein Kind entscheidet, was es am liebsten mit dem Zettel machen möchte.

Solche bewussten Rituale helfen übrigens, Stabilität und Ruhe in den oft hektischen Alltag zu bringen und stärken dadurch noch einmal mehr das Selbstvertrauen – das deines Kindes, aber auch dein eigenes. Denn das Schöne an dieser Arbeit ist, dass du selbst auch Stück für Stück deine eigenen Glaubenssätze aus der Kindheit bearbeitest, vielleicht sogar einschränkende mit den neuen Affirmationen überschreibst. Bleibe offen im Herzen - wer weiß, was du durch dein Kind noch so alles über dich selbst lernen kannst...

Nachwort

Abschließend bleibt uns jetzt nur noch, dir ganz viel Spaß mit deinen Affirmationen und neuen, positiven Glaubenssätzen zu wünschen und dich daran zu erinnern mögliche Erwartungen loszulassen, dass du nun alle deine Glaubenssätze verändern müsstest. Du musst nämlich gar nichts (auch wenn unser Kopf uns das so gerne immer wieder erzählt). Du darfst. Du kannst. Du willst. Aber müssen tust du nichts! Wenn wir glauben etwas tun zu müssen, ist das auch wieder nur ein (einschränkender) Glaubenssatz, den wir selbst gebildet und/oder von anderen übernommen haben - und den wir jederzeit verändern können.

Du musst übrigens auch nicht alle einschränkenden Glaubenssätze aufdecken, die du mit dir herumträgst, oder den Ursprung dieser Sätze verstehen, um ein tolles und zufriedenes Leben führen zu können. Wenn du deine einschränkenden Glaubenssätze nicht entdeckst, ist das völlig in Ordnung. Vertraue darauf, dass sie sich zur richtigen Zeit zeigen werden, dann, wenn du bereit bist, sie zu verändern. Sei stolz darauf, dass du bereits den wichtigen Entschluss gefasst hast, etwas verändern zu wollen und überlass dem Universum die Wahl des Zeitpunkts. Du bist jetzt schon großartig, so wie du bist, und die Glaubenssatzarbeit darf dir dabei helfen, diese Großartigkeit jeden Tag ein bisschen mehr anzuerkennen und zu leben. Wir wünschen Dir auf deinem eigenen Weg ganz viel Liebe, Freude und Gesundheit.

Mögest du ein glückliches Leben haben. Mögest du dir erlauben, deine Träume wahr werden zu lassen. Mögest du in jeder Zelle deines Körpers spüren, dass du ein Geschenk für uns ALLE bist!

Von Herzen Fatime & Lisa

Buchempfehlungen

- Lieben was ist: Wie vier Fragen Ihr Leben verändern können – Byron Katie
- Du bist das Placebo: Bewusstsein wird Materie – Dr. Joe Dispenza
- Werde übernatürlich: Wie gewöhnliche Menschen das Ungewöhnliche erreichen. – Dr. Joe Dispenza.
- E2: Wie Ihre Gedanken die Welt verändern – Pam Grout
- Sei dankbar und werde reich – Pam Grout
- The Law of Attraction - Eshter & Jerry Hicks
- The Secret – Rhonda Byrne
- Rückkehr zur Liebe: Harmonie, Lebenssinn und Glück durch „Ein Kurs in Wundern" – Marianne Williamson
- Das Kind in dir muss Heimat finden: Der Schlüssel zur Lösung fast aller Probleme – Stefanie Stahl
- Mögest Du glücklich sein: Entdecke dein Höheres Selbst und verbinde dich mit deiner inneren Kraft – Laura Malina Seiler
- Ihre unsichtbare Macht: Wie Sie vertrauensvoll visualisieren und Ihre Wünsche erfüllen! - Genevieve Behrend

Affirmationen

PDF zum Herunterladen und ggf. Ausdrucken:

https://bit.ly/36IZVqH

Wenn du das Taschenbuch erworben hast,

tippe die kurze URL in deinen Browser

oder scanne den QR-Code ab:

Hast du Fragen, Feedback oder möchtest du noch mehr Tipps bekommen wie du mit diesem Buch arbeiten kannst? Dann folge mir gerne auf **Instagram: @f.atime**

Ich freue mich von dir zu lesen! ♥

Fatime Hyseni

Affirmationen: Selbstliebe, Selbstbewusstsein & Selbstvertrauen

Instagram: @Mindset_ToGo

Genau jetzt und genau so wie ich bin, liebe ich mich.

Ich bin wertvoll und einzigartig.

Ich berücksichtige meine eigenen Gefühle.

Mein Selbstbewusstsein ist grenzenlos.

Ich selbst finde mein eigenes Glück.

Weil ich mich liebe, achte ich auf mich.

Ich bin liebenswert.

Ich verdiene alles Gute.

Ich bin genau so, wie ich sein soll.

Ich mag es, wenn ich mich im Spiegel sehe.

Mir ist nichts unmöglich.

Ich bin wichtig.

Ich bin gelassen.

Ich bin ganz, perfekt, stark, mächtig, harmonisch, liebevoll und glücklich.

Ich schätze mich vollkommen und bedingungslos, und möchte es noch mehr zeigen.

Affirmationen: Selbstliebe, Selbstbewusstsein & Selbstvertrauen

Instagram: @Mindset_ToGo

Weil ich mich liebe, erschaffe ich mir mein schönstes Zuhause.

Ich darf originell sein.

Weil ich mich selbst liebe, kann ich meinen Mitmenschen voller Liebe begegnen.

Ich darf und ich will laut lachen!

Ich darf anders sein!

Ich darf verrückt sein!

Ich habe eine eigene Meinung und vertrete diese auch.

Ich bin begehrenswert.

Ich bin die wichtigste Person in meinem Leben.

Ich bin selbstbewusst und respektiere mich selbst.

Ich respektiere und gebrauche meine besonderen Fertigkeiten, Kenntnisse und Fähigkeiten.

Ich bin genau so richtig, wie ich bin und werde geliebt ohne Erwartungen.

Ich wähle Lebensfreude.

Ich lasse das Leben frei durch mich hindurchfließen.

Ich erlaube mir mein Leben dankbar anzunehmen.

Affirmationen: Selbstliebe, Selbstbewusstsein & Selbstvertrauen

Instagram: @Mindset_ToGo

Ich bin dankbar, mich selbst vollkommen annehmen und lieben zu können.	Ich vertraue meinem Weg.	Ich bin Freude.
Ich bin verbunden.	Ich bin Leichtigkeit.	Ich bin mir meiner Gedanken bewusst.
Ich bin glücklich ich selbst zu sein.	Ich liebe das Leben und das Leben liebt mich..	Ich werde mit Glück und Liebe verwöhnt, das ist meine Bestimmung.
Ich liebe mich selbst bedingungslos.	Ich bin hier und jetzt glücklich.	Ich entfalte (nach und nach) mein volles Potential.
Ich bin frei das Leben zu lieben und zu genießen.	Ich bin schön!	Ich liebe und achte mich.

Affirmationen: Selbstliebe, Selbstbewusstsein & Selbstvertrauen

Instagram: @Mindset_ToGo

Ich bin voller Selbstvertrauen.	Ich erschaffe mir die besten Bedingungen in meinem Leben.	Ich liebe mich selbst so wie ich bin.
Was ich tue ist genug.	Ich kann mir verzeihen.	Ich akzeptiere mich selbst so wie ich bin.
Ich glaube an mich.	Ich liebe, ich lebe, ich strahle.	Spaß und Freude stehen mir zu.
Ich bin dankbar Anerkennung zu erfahren.	Ich verfüge über eine erstaunliche Fantasie.	Ich kenne meine Stärken.
Ich vertraue und entspanne.	Ich mache mich frei für die Freude.	Ich darf so sein, wie ich bin.

Affirmationen: Selbstliebe, Selbstbewusstsein & Selbstvertrauen

Instagram: @Mindset_ToGo

Ich bin mutig.

Die Welt braucht was ich tue.

Ich habe das Recht, frei und vollkommen zu leben.

Ich bin frei und sicher.

Meine Talente und Fähigkeiten werden gebraucht.

Ich bin ganz in meiner Mitte.

Ich darf mich selbst mit Liebe betrachten.

Ich entdecke heute, wie wunderbar ich bin.

Ich darf mich entspannen.

Ich beschließe, mich zu lieben.

Ich kenne mich.

Ich bin glücklich, ich selbst zu sein.

Ich bin gegenwärtig.

Ich bin still, bewusst und wach.

Ich bin so wie ich bin.

Affirmationen: Selbstliebe, Selbstbewusstsein & Selbstvertrauen

Instagram: @Mindset_ToGo

Mir steht das Beste zu.	Ich bin wertvoll.	Ich wandle mich stetig und wachse.
Ich akzeptiere meine Ängste.	Ich bin frei.	Ich darf mich wohl fühlen.
Ich weiß, dass mein Potential grenzenlos ist.	Ich habe Zeit.	Ich bin erwünscht.
Ich bin kreativ.	Ich kann mich so akzeptieren wie ich bin.	Ich bin selbstbewusst.
Ich bin freundlich zu mir selbst.	Ich respektiere mich und mein Leben vollkommen.	Ich bin ein Wunder.

Affirmationen: Selbstliebe, Selbstbewusstsein & Selbstvertrauen

Instagram: @Mindset_ToGo

Es ist richtig
und gut,
dass ich mich
schön fühle.

Meine Schönheit
spiegelt die
Liebe in meinem
Leben.

Ich akzeptiere
jeden Teil
meiner selbst.

Ich werde
respektiert.

Alles was gerade
ist, ist OKAY!

Ich bin genau da,
wo ich sein soll.

Ich bin Fülle.

Ich bin unendlich
liebenswert.

Ich genieße
mein Leben.

Ich nehme
mich an.

Ich bin stolz
auf mich und alles
was ich bisher
erreicht habe.

Ich erkenne
das Wunder
in meiner Person.

Ich vertraue
auf den Fluss
in meinem Leben.

Ich bin
ein Geschenk
für jeden Menschen
der mir begegnet.

Ich bin
Liebe.

Affirmationen: Selbstliebe, Selbstbewusstsein & Selbstvertrauen

Instagram: @Mindset_ToGo

Ich liebe mich
mit allen Fehlern
und Schwächen.

Selbstliebe
ist das Fundament
meines Lebens.

Heute ist
ein guter Tag.

Ich kann
damit umgehen.

Ich nehme mir Zeit
für mich und meine
Bedürfnisse.

Ich bin
gut genug.

Ich sorge
gut für mich.

Ich erkenne
das Wunder
das ich bin.

Ich finde
Weisheit und
Dankbarkeit
in all meinen
Erfahrungen.

überall wohin ich gehe
bringe ich Liebe.

Ich bin der wichtigste
Mensch in meinem
Leben, also behandle
ich mich auch so.

Ich erlaube mir
so zu sein
wie ich bin.

Ich bin
erfüllt.

Ich lasse
in Liebe los,
und vertraue
dem Prozess
des Lebens.

Ich glaube an
die Liebe
und bin vollkommen
von ihr erfüllt.

Affirmationen: Selbstliebe, Selbstbewusstsein & Selbstvertrauen

Instagram @Mindset_ToGo

Die wichtigste
Beziehung
in meinem Leben
ist die zu mir selbst.

Ich glaube
an mich.

Ich bin mehr als
meine Fehler.

Ich bin ein
wundervoller
Mensch.

Ich bin wichtig
und meine Gefühle
sind von Bedeutung.

Ich übe mich
in Selbstliebe.
Ich strahle.
Ich lebe.
Ich liebe mich.

Ich bin
vollständig.

Ich bin frei
das Leben zu lieben
und zu genießen.

In diesem
Augenblick lasse
ich alles los
was nicht mehr
zu mir gehört.

Bevor die Sonne
untergeht, vergebe ich.

Ich bin nicht zu alt
und es ist nicht zu spät.
Ich traue mich.

Meine
Unvollkommenheiten
sind Geschenke.

Ich kann
schwierige
Dinge tun.

Alles, was ich
brauche,
ist in mir.

Ich bin
kraftvoll.

Affirmationen: Selbstliebe, Selbstbewusstsein & Selbstvertrauen

Instagram: @Mindset_ToGo

Ich bin
genau dort,
wo ich sein soll.

Ich bin genug,
genau so wie
ich bin.

Jedes Problem
auf meinem Weg
ist eine Gelegenheit
zu wachsen.

Ich fühle mich Wohl
in meiner Haut.

Ich bin gut verwurzelt.
Das gibt mir Stabilität
und Sicherheit.

Ich fühle mich
von innen heraus
wohl.

Ich bin kraftvoll.
Ich bin wundervoll.
Ich bin Liebe.

Ich bin.

Ich bin
authentisch.

Wenn ich mich
akzeptiere wie ich bin,
dann kann ich mich
verändern..

Heute ist
genau der richtige Tag,
um anzufangen
wahrhaft zu leben.

Ich entscheide
mich für mich.

Es geht nicht
darum was mir
im Leben passiert,
sondern wie ich
darauf reagiere.

Intelligenz, Mut
und Selbstertrauen
gehören zu mir.

Ich muss nichts.
Ich kann.
Ich will.
Ich darf.

Affirmationen: Charisma und Ausstrahlung

Instagram: @Mindset_ToGo

Ich bin würdig.	Ich bin ein Ausdruck der vollkommenen Freiheit.	Ich strahle Liebe und Erfüllung aus.
Ich habe die Verantwortung für mein Leben selbst in der Hand.	Jeden Tag gebe und empfange ich mehr Liebe.	Die Liebe erfüllt mich und strahlt von mir aus.
Mein Ausdruck ist liebevoll und friedlich.	Ich verbreite Liebe und erzeuge damit Wohlbehagen in mir.	Meine innere Freude kann ich ausdrücken und andere damit anstecken.
Mein Wesen strahlt in alle Richtungen.	Ich liebe es ICH zu sein.	Es tut gut, gesund auszusehen und als solches wahrgenommen zu werden.
Meine Dynamik lässt sich nicht bremsen, ich strahle Lebenskraft aus.	Ich darf meine Freude zeigen.	Ich bin richtig so wie ich bin.

Affirmationen: Charisma und Ausstrahlung

Instagram: @Mindset_ToGo

Liebe und Wahrhaftigkeit bestimmen meinen Selbstausdruck.	Ich strahle Liebe aus.	Ich inspiriere andere Menschen.
Ich habe eine positive Ausstrahlung.	Wenn ich strahle, strahlt auch alles um mich herum.	Ich darf so viel glitzern, wie ich möchte.
Ich darf meine Schönheit nach außen zeigen.	Ich beschließe meine Freude zum Ausdruck zu bringen.	Ich weiß, dass ich mit einer positiven Ausstrahlung gesegnet bin.
Ich stecke mit meinem Lachen an.	Ich will meine Dankbarkeit ausstrahlen, damit sie jeder sehen kann.	Meine Mitmenschen bestaunen meine Energie.
Die Leichtigkeit und Gelassenheit, die ich spüre, strahle ich aus.	Ich trage mein warmes Herz nach außen.	Weil ich Harmonie und Glück ausstrahle, empfange ich Harmonie und Glück.

Affirmationen: Charisma und Ausstrahlung

Instagram @Mindset_ToGo

Ich sende mein strahlendes Glück in die Welt und empfange es noch konzentrierter wieder zurück..	Ich will Dankbarkeit ausstrahlen, damit sie jeder fühlen kann.	Meine Energie strahlt in die Welt hinaus.
Meine Selbstliebe strahlt in alle Richtungen.	Mit meiner einzigartigen Ausstrahlung kann und möchte ich anderen Menschen helfen.	Ich trage meine Abenteuerlust jeden Tag aufs Neue nach außen.
Mit meiner Ausstrahlung kann ich andere Menschen anstecken, damit auch sie das Glück finden.	Ich bin willkommen.	Ich bin stolz auf meine angenehme Ausstrahlung.
Meine Außergewöhnlichkeit ist mein Markenzeichen, ich bin stolz darauf.	Ich darf mich attraktiv fühlen und dieses Gefühl auch hemmungslos ausstrahlen.	Ich habe entschieden bezaubernd zu sein. Und meine Entscheidung möchte ich jeden sehen lassen.
Meine Dynamik spiegelt sich in jedem Lebensbereich wieder, die Lebendigkeit sprudelt.	Ich bin charmant.	Ich bin stolz auf meine bewundernswerten Stärken und Talente.

Affirmationen: Charisma und Ausstrahlung

Instagram: @Mindset_ToGo

Ich habe die Fähigkeit andere Menschen mit meinem Lachen anzustecken.	Ich habe mich dazu entschieden meinen Frohsinn auszustrahlen.	Die Liebe, die ich erfahre, lässt mich durchgehend strahlen.
Ich bin im tiefem Frieden mit mir selbst.	Ich nehme das Vertrauen der Anderen jeden Tag aufs Neue dankbar an.	Ich genieße die Anerkennung.
Ich nehme wahr, wie positiv ich auf andere Menschen wirke.	Ich nehme meine Talente dankbar an.	Ich selbst habe mich dazu entschieden, den Menschen positiv zu begegnen.
Jeder, der mir mit Freundlichkeit begegnet, soll noch mehr Freundlichkeit zurückbekommen.	Mein Ausstrahlung ist voller Vitalität und Frische.	Jeder Mensch strahlt etwas Positives aus, ich darf es erkennen.
Ich liebe es, ein charismatischer Mensch zu sein.	Ich weiß, dass meine Ausstrahlung durchweg fantastisch ist.	Meine Augen überzeugen mit Ehrlichkeit.

Affirmationen: Charisma und Ausstrahlung

Instagram: @Mindset_ToGo

Ich darf meine emotionale Seite nach außen tragen.

Ich bin einfühlsam.

Ich liebe es, andere Menschen zu faszinieren.

Ich lebe, ich liebe, ich strahle.

Die Geborgenheit, die ich fühle, gebe ich anderen weiter, damit auch sie sich geborgen fühlen.

Ich strahle Liebe aus und ziehe Liebe an.

Ich liebe meine feurige Ausstrahlung.

Ich stehe zu meinem eigenen Geschmack.

Ich sehe frisch aus.

Ich vertraue auf mein harmonisches Auftreten, es erleichtert mir den Weg.

Ich öffne mein Herz.

Meine lebhafte Art spiegelt sich in meinem Handeln wider und steckt andere Menschen damit an.

Ich bin dankbar für meinen leuchtenden Ausdruck.

Ich darf meine Kostbarkeit nach außen tragen.

Ich wirke interessant auf meine Mitmenschen.

Affirmationen: Charisma und Ausstrahlung

Instagram: @Mindset_ToGo

Ich bin wunderschön!	Ich verkörpere mein eigenes Idealbild.	Ich bin unperfekt perfekt.
Meine Persönlichkeit ist es wert ausgestrahlt zu werden.	Ich bin dankbar über mein mitreißendes Lachen.	Meine magische Ausstrahlung verzaubert jeden.
Ich schenke Frieden und verbinde Menschen miteinander.	Ich bin dankbar Anerkennung zu erfahren.	Meine Mitmenschen bewundern meine Energie und meine postivie Ausstrahlung.
Die Anerkennung, die ich mir gebe, strahle ich aus.	Ich bin attraktiv.	Ich spreche meine Wahrheit.
Ich bin einzigartig!	Ich bin eine Bereicherung für jeden Menschen der mir begegnet.	Ich werde gesehen.

Affirmationen: Geld und Finanzen

Instagram: @Mindset_ToGo

Ich kann gut mit Geld umgehen.	Jeden Tag verdiene ich mehr Geld.	Und Geld wächst doch auf Bäumen.
Ich kann mich glücklich schätzen über genug Geld zu verfügen, um meine Ziele zu erreichen.	Ich darf gutes Geld verdienen.	Natürlich kann ich finanziell frei sein.
Ich genieße es Geld zu haben.	Ich habe immer genug Geld, um alles zu bekommen, was ich brauche.	Ich darf wohlhabend sein.
Ich bin ein Geld-Magnet!	Ich werde heute mehr Geld erhalten.	Ich öffne mich den Möglichkeiten, dass Geld aus allen Richtungen zu mir fließen kann.
Ich liebe Geld und Geld liebt mich.	Ich darf in Wohlstand und Fülle leben.	Meine finanzielle Situation blüht!

Affirmationen: Geld und Finanzen

Instagram: @Mindset_ToGo

Ich lächle voller Dankbarkeit, wenn ich an die Fülle in meinem Leben denke.

Ich bin jeden Tag meines Lebens mit Überfluss gesegnet.

Ich ziehe genug Geld an, um mein Leben in vollen Zügen zu leben.

Geld hört nie auf zu mir zu fließen.

Ich bin dankbar, dass ich all das Geld bekomme, das ich brauche.

Ich habe genug Geld, um meine finanziellen Verpflichtungen zu decken - jetzt und in der Zukunft.

Ich bin großzügig und das Universum zahlt es mir hundertfach zurück.

Ich bin begeistert von allen Möglichkeiten, durch die mir Geld zufließt.

Ich weiß, dass es unbegrenzte Möglichkeiten gibt an Geld zu kommen.

Finanzielle Freiheit ist meine Wahl.

Jeden Tag bin ich offen für Geld aus überraschenden Quellen.

Ich betrachte Geld als grenzenlos, so wie die Luft oder der Himmel - es ist überall.

Ich bin unendlich dankbar für den Reichtum und Wohlstand in meinem Leben.

Ich treffe die Entscheidung wohlhabend zu werden.

Ich weiß, dass ich Wohlstand verdient habe.

Affirmationen: Geld und Finanzen

Instagram: @Mindset_ToGo

Ich gebe mir selbst die Erlaubnis, all die Dinge zu haben, die ich mir Wünsche.

Ich sage JA zur finanziellen Freiheit für mich und alle um mich herum.

Es gibt Geld im Überfluss und es ist auf dem Weg zu mir.

Ich habe immer mehr Geld als ich ausgebe.

Ich beginne die scheinbar so selbstverständlichen Dinge in meinem Leben wertzuschätzen.

Ich lebe in einem Land der Fülle und ich kann die Fülle sehen.

Ich bin frei.

Geld ist angenehm, ich darf mich über Geld freuen.

Mein Geld öffnet mir viele Möglichkeiten.

Ich bin es mir wert, mehr Geld zu verlangen.

Ich bin mein Geld wirklich wert.

Ich darf mich mit viel Geld wohlfühlen.

Ich bin es wert, befördert zu werden.

Es tut mir gut, Geld zu verdienen.

Ich genieße es, mir meine Wünsche erfüllen zu können.

Affirmationen: Geld und Finanzen

Instagram: @Mindset_ToGo

Ich kann sorgfältig mit meinem Geld umgehen.

Ich bin es mir Wert.

Ich bin glücklich wohlhabend zu sein.

Ich werde gut für meine Arbeit bezahlt.

Mein Leben ist reich.

Ich darf im Wohlstand leben.

Ich liebe Geld.

Ich gönne jedem Menschen Wohlstand, Liebe und Reichtum..

Ich freue mich über jede Rechnung die ich bezahlen darf.

Wir leben in einer Gesellschaft, in der für alle gesorgt ist.

Ich bin ein Teil der Wirtschaft, deswegen kann ich sie mit meinem Kaufverhalten beeinflussen.

Wer sät, der erntet - im eigentlichen und im finanziellen Sinn.

Ich bin dankbar, dass ich mir meine Träume erfüllen kann..

Ich bin bereit zu empfangen.

Ich bin dankbar für alle Möglichkeiten, mit denen ich Geld verdienen kann.

Affirmationen: Geld und Finanzen

Instagram: @Mindset_ToGo

Ich darf mir meinen luxuriösen Lebensstil leisten und muss ihn nicht verstecken.	Ich kann auf meinen Reichtum stolz sein.	Ich bin wohlhabend.
Ich kann mich beim Geld ausgeben wohlfühlen.	Ich selbst entscheide über meine Ausgaben.	Ich bin Freiheit.
Ich bin dankbar für die finanzielle Fülle in meinem Leben.	Ich bin wertvoll!	Ich danke meinem Geld für die Unabhängigkeit und die Freiheit, die es mir ermöglicht.
Ich bin stolz mein Geld mit anderen teilen zu können.	Ich fühle mich sicher, genug Geld auf meinem Konto zu haben.	Weil es auf der Welt mehr Geld als genug gibt, gibt es auch genug für mich.
Ich gewöhne mich daran, in Wohlstand zu leben.	Geld kommt auf Wegen in mein Leben, an die ich bislang nicht gedacht habe.	Ich kann und ich darf mir alles leisten, was ich will.

Affirmationen: Geld und Finanzen

Instagram: @Mindset_ToGo

Ich bin stolz immer wieder neue Wege zu finden Gewinne zu erzielen.

Ich darf ehrlich sein, dass Geld zu meinem Glück beiträgt.

Ich denke positiv über Geld.

Geld ist Energie.

Ich weiß, dass ich meine finanziellen Ziele erreichen werde.

Ich bin mit meinem Geld im Reinen.

Ich möchte meinen Reichtum mit meiner Familie teilen.

Schenken ist eine Tugend, die mir guttut.

Ich nehme das Geld aus unerwarteten Quellen dankbar an.

Ich lebe in Fülle.

Mein Geld reicht für ein glückliches Leben.

Ich gebe gerne Geld aus in dem Wissen, dass es vermehrt wieder zu mir zurückkommt.

Ich bin glücklich wohlhabend zu sein.

Ich bin Fülle und erlebe Fülle überall dort wo ich bin.

Ich entscheide mich jeden Tag für Reichtum.

Affirmationen: Geld und Finanzen

Instagram: @Mindset_ToGo

Ich freue mich Geld
zu überweisen
und Menschen zu geben,
in dem Wissen, dass ich sie
bereichere und ihr
Leben stärke.

Ich bin
ein Glückskind.

Ich segne
die Reichen,
sie haben
es verdient.

Ich bin dankbar
meinen Wert
anzuerkennen.

Geld fließt
in Strömen
zu mir.

Ich öffne mich
für noch
mehr Wohlstand
in meinem Leben.

Ich liebe Geld und
freue mich über
alle Maßen
über Geld.

Ich küsse Geldscheine
genau so wie ich gerne
über Geld spreche
und fühle mich
wohl dabei.

Freude ist die
Schwester der Liebe
und Geld sowie Liebe
haben die
gleiche Frequenz.

Ich schätze
all die Fülle
in meinem Leben wert.

Ich bin dankbar
für all das Geld,
das ich in meinem
ganzen Leben
bekommen habe.

Ich bin dankbar
meine Rechnungen
immer begleichen zu
können.

Ich wähle
Wohlstand.

Ich ziehe jeden Tag
mehr und
mehr Geld an.

Die finanzielle Freiheit
liegt in mir, ich wähle
sie für mich.

Affirmationen: Geld und Finanzen

Instagram: @Mindset_ToGo

Jeden Tag vermehrt
sich mein Reichtum
in jeder Art und Weise.

Mein Bankkonto ist voll,
mein Herz ist voll,
mein Leben ist voll.
Ich habe mehr als genug.

Ich bin mir
der Fülle
in meinem Leben
bewusst.

Finanzielle Freiheit
ist einfach.

Geld fließt
in meine
Richtung.

Ich erhalte
stets mehr Geld,
als ich ausgebe.

Ein erfülltes und reiches
Leben ist das
Geburtsrecht
eines jeden Menschen.

Die Welt war nie
reicher, und ich
bin Teil dieses
Reichtums.

Ich wende
jeden Zweifel ab
und werde so lange
weitergehen, bis ich
finanziell frei bin.

Ich werde
jede Sekunde
reicher.

Ich bin gespannt
zu sehen, von wo ich
als Nächstes Geld
erhalte.

Ich erlaube Geld in
großen Mengen zu
mir zu fließen.

Ich muss nicht reich
sein, um glücklich zu sein,
aber ich muss glücklich
sein, um reich zu
werden.

Ich bin dankbar
für all das Geld,
das ich jemals
in meinem Leben
erhalten habe.

Heute fließt das
Geld zu mir.

Affirmationen: Geld und Finanzen

Instagram: @Mindset_ToGo

Ich verdiene alles Gute.

Ich werde so lange weitermachen, bis ich finanziell frei bin.

Geld hört nie auf, zu mir zu fließen.

Ich danke dem Universum für all den Reichtum, mit dem ich beschenkt bin.

Ich teile meinen Überfluss aus vollem Herzen mit anderen.

Ich weiß genau, wie ich erfolgreich sein kann.

Ich begrüße Reichtum und teile Reichtum mit jedem, den ich treffe.

Ich weiß alles, was ich wissen muss, um JETZT wohlhabend zu sein.

Das Universum möchte, dass ich im Überfluss lebe.

Ich bin offen, Geld auf Wege zu erhalten, die ich mir niemals hätte vorstellen können.

Ich verdiene es, Geld dafür zu haben, alles was ich in meinem Leben machen will zu verwirklichen.

Ich sehe alle Möglichkeiten, die mir offen stehen, um reich zu werden.

Ich habe immer genug Geld für alles, was ich in diesem Leben tun möchte.

Ich wähle Wohlstand.

Ich erschaffe Reichtum und Wohlstand problemlos.

Affirmationen: Liebe, Beziehungen, Familie & Emotionen

Instagram: @Mindset_ToGo

Heute möchte ich die Liebe feiern.

Heute zeige ich meinen Freunden wie wichtig sie mir sind.

Freundschaft ist einer der bedeutendsten Teile meines Lebens.

Ich bin dankbar für die ehrlichen und treuen Freunde, die ich in meinem Leben habe.

Wenn ich an mein Umfeld denke, spüre ich Liebe und Freundschaft und lächle.

Ich zeige jeden Tag mehr, dass ich liebe.

Die Liebe umgibt mich jeden Tag.

Ich öffne mein Herz.

Ich bin dankbar für meine Freunde.

Voller Dankbarkeit erfahre ich tiefe Freundschaft.

Ich darf meinen Gefühlen freien Lauf lassen, sie sind ein Teil meiner Persönlichkeit.

Heute zeige ich meine Liebe und öffne mich ein Stück mehr.

Mein Weg ist mit Liebe gepflastert.

Ich bin es wert geliebt zu werden.

Ich lebe in liebevollen und ehrlichen Beziehungen.

Affirmationen: Liebe, Beziehungen, Familie & Emotionen

Instagram: @Mindset_ToGo

Ich werde geliebt.

Ich kann Liebe annehmen, die andere mir geben.

Ich schätze meine Familie wert.

Meine Liebe kommt auf unterschiedliche Art und Weise zurück zu mir.

Ich liebe mich und meine Mitmenschen.

Ich habe Menschen um mich herum, die mir gut tun.

Ich akzeptiere meine Familie wie sie ist.

Ich kann vergeben und damit Freiheit schenken.

Ich liebe und werde geliebt.

Ich vergebe mir und anderen.

Ich kann und darf meine Liebe so äußern, wie es mir gut tut.

Ich bin es wert bedingungslos geliebt zu werden.

Ich bin ein guter Vater.

Ich bin eine gute Mutter.

Ich bin dankbar für all die ehrliche Liebe in meinem Leben.

Affirmationen: Liebe, Beziehungen, Familie & Emotionen

Instagram: @Mindset_ToGo

Ich liebe alle meine Gedanken und Gefühle.	Ich verdiene nur das Beste und öffne mich dafür.	Ich lebe im Zustand der Liebe und der Lebensfreude.
Mein Herz ist mein Wegweiser.	Ich öffne der Welt mein Herz.	Ich bin geduldig mit mir und mit anderen.
Ich werde gesehen.	Ich verarbeite meine Trauer, weil ich geliebt habe.	Andere Menschen lieben und respektieren mich so wie ich bin.
In jeder Sekunde meines Lebens empfange ich Liebe.	Liebe umgibt mich.	Ein unendliches Meer der Liebe fließt in mich ein.
Ich erkenne das Geschenk in Vergebung.	Ich bin offen für die Botschaften meines Herzens.	Ich wähle sorgsam aus, welchen Gedanken ich folge.

Affirmationen: Liebe, Beziehungen, Familie & Emotionen

Instagram: @Mindset_ToGo

Ich drücke meine
Gefühle frei
und respektvoll aus.

Meine Gefühle
werden gehört
und wertgeschätzt.

Jeden Tag
gebe ich immer
mehr Liebe.

Es fällt mir leicht
mich selbst
und andere zu lieben.

Ich treffe klare
Entscheidungen
aus Fülle und Liebe
heraus.

Das Leben
ist voller Liebe.

Ich öffne mich
dafür Liebe zu
sehen.

Ich bin
achtsam.

Ich darf
lieben.

Ich weiß, dass die Angst
nur eine Illusion
in meinem Kopf ist.

Ich befreie
mich aus meiner
Angst.

Ich bin so viel
mehr als
meine Angst.

Die Angst in mir
ist nur ein Gefühl,
das ich
überwinden kann.

Ich reiche meiner
Angst die Hand
und gehe mit ihr
zusammen
vorwärts.

Ich darf das tun,
was ich liebe.

Affirmationen: Liebe, Beziehungen, Familie & Emotionen

Instagram: @Mindset_ToGo

Ich darf meine Gefühle zulassen.	Ich habe Mitgefühl.	Alles wird gut.
Mir steht Liebe zu.	Ich darf trauern.	Meine Trauer ist kein Zeichen von Schwäche, sondern von Liebe.
Ich kann mich anderen Menschen jeden Tag mehr öffnen.	Ich weiß, dass ich die Liebe meines Lebens finden werde.	Ich bin ein liebender und mitfühlender Mensch.
Ich bin Liebe, Freude, Licht.	Ich lasse die Vergangenheit los und erlaube der Liebe jeden Bereich meines Lebens zu heilen.	Voller Liebe lasse ich die Vergangenheit ganz los.
Ich liebe mein Leben und das Leben liebt mich.	In der Mitte meines Herzens sprudelt eine unendliche Quelle der Liebe.	Ich bin die Liebe.

Affirmationen: Liebe, Beziehungen, Familie & Emotionen

Instagram: @Mindset_ToGo

Ich strahle Liebe aus.	Ich bin ausgeglichen.	Ich liebe alle meine Gefühle.
Ich konzentriere mich auf das, was ich liebe.	Ich bin ein Magnet der Liebe.	Ich kann das BESTE in Menschen erkennen.
Ich begegne mir selbst mit einem offenen Herzen.	Ich fühle sehr tiefe Liebe in mir.	Ich kann anderen verzeihen.
Ich erschaffe meine Gefühle und ich wähle die Liebe.	Ich bin dankbar, dass mein Leben so erfüllt ist.	Ich bin dankbar in einem Zustand der Liebe zu leben.
Ich bin dankbar, dass ich Liebe in jeden Bereich meines Lebens ziehe.	Liebe erfüllt mein Herz, meinen Körper, meinen Geist und meine Seele.	Ich kann von anderen Menschen etwas lernen.

Affirmationen: Liebe, Beziehungen, Familie & Emotionen

Instagram: @Mindset_ToGo

Ich bin glücklich verheiratet.

Ich begegne meinem Partner mit Liebe.

Ich fühle, dass mein Herz voller Liebe ist.

Die Liebe leitet mich.

Alles, was nicht Liebe ist, lasse ich hinter mir.

Meine Bedürfnisse sind mir wichtig.

Meine Familie unterstützt mich.

Meine Familie liebt mich.

Meine Familie respektiert mich.

Ich werde gebraucht.

Jeder Mensch trägt etwas Gutes in sich und das finde ich.

Jeder Teil meines Lebens wird von Liebe geheilt.

Ich verdiene die Liebe meiner Kinder.

Ich muss es niemandem außer mir recht machen.

Meine Beziehungen sind harmonisch, und dafür bin ich dankbar.

Affirmationen: Liebe, Beziehungen, Familie & Emotionen

Instagram: @Mindset_ToGo

Es fällt mir leicht, meine Mitmenschen zu lieben und zu respektieren.

Akzeptanz und Respekt sind die Grundregeln in einer Beziehung.

Meine Familie schenkt mir Kraft, Energie und Liebe.

Es gibt immer einen Grund, sich mit den Menschen zu verbinden.

Ich sehe Gemeinsamkeiten.

Ich akzeptiere meinen Partner so wie er ist.

Die Liebe entspringt in mir selbst.

Ich schätze mich.

Ich bin die Quelle der Liebe, des Friedens und der Freude.

Ich bin es wert.

Ich sehe jeden Menschen mit mitfühlenden Augen.

Meine Emotionen gehören zu mir. Ich nehme sie bewusst an.

Erst wenn es mir gut geht, kann es meinen Kindern gut gehen.

Ich nehme mir Zeit meine Beziehungen zu pflegen.

Ich schätze meine Beziehung.

Affirmationen: Intelligenz und Mindset

Instagram: @Mindset_ToGo

Ich bin stolz auf mein vielfältiges Wissen.	Ich bin klug.	Jeder Mensch darf Fehler machen.
Ich din dankbar für meine Gegenwart.	Ich bin dankbar für meine Vergangenheit.	Ich bin dankbar für meine Zukunft.
Ich selbst habe die Macht mein Leben zu ändern.	Ich bin ein Gewinner.	Ich kann alles erreichen, was ich will.
Akzeptanz ist der erste Schritt zum inneren Frieden.	Ich kann jederzeit alles ändern.	Ich bin im Rhythmus und im Fluss meines Lebens.
Ich gebe mein Bestes.	Gutes strömt mir mühelos zu.	Ich bin dankbar für meine aussichtsreiche Zukunft.

Affirmationen: Intelligenz und Mindset

Instagram: @Mindset_ToGo

Ich vertraue dem Leben.	Ich bin pure Energie.	Ich konzentriere mich auf die schönen Dinge im Leben auch in schwierigen Situationen.
Ich bin frei und kann jederzeit wählen, loszulassen.	Ich bin zur richtigen Zeit am richtigen Ort.	Ich lasse die alltäglichen Ängste los.
Ich lasse meine Vergangenheit hinter mir.	Meine Gedanken sind ok, so wie sie sind.	Ich muss mich nicht beweisen.
Ich kann meine Gedanken lenken.	Ich lasse los was mich schwächt und reise mit leichtem Gepäck.	Es macht nur wenig aus, was andere sagen. Es macht aber viel aus, wie ich darauf reagiere und was ich selbst glaube.
Überall kann ich das Gute finden, wenn ich es nur suche.	Ich mache mir keine Sorgen um unwichtige Dinge.	Ich stehe zu mir.

Affirmationen: Intelligenz und Mindset

Instagram: @Mindset_ToGo

Ich darf schlechte Tage erleben.	Ich habe Spaß am Leben.	Alles was ich sehe, macht mich heute glücklich.
Ich genieße mein Leben.	Ich darf loslassen.	Meine Meinung zählt.
Ich lebe jeden Tag in Dankbarkeit.	Ich vertraue in meine Stärke und sorge für mich.	Ich treffe meine eigenen Entscheidungen.
Es fühlt sich gut an zu leben.	Meine Freude kann mir niemand nehmen.	Ich treffe meine Entscheidungen und sie sind richtig für mich.
Ich achte und respektiere mich.	Es ist okay!	Ich bin unvergleichbar einzigartig.

Affirmationen: Intelligenz und Mindset

Instagram: @Mindset_ToGo

Ich habe es verdient
fröhlich zu sein.

Ich weiß,
dass das Leben
immer für mich ist.

Ich entscheide
mich dafür
positiv zu denken.

Ich liebe den Weg
genau so sehr wie
das Ziel.

Ich glaube
an mein
Lebensglück.

Ich liebe das
Leben in seiner
Vollständigkeit.

Ich bin ganz
in meiner Mitte und
lebe in Frieden.

Ich bin dankbar
für mein Leben
und genieße es
jeden Moment.

Ich genieße
jeden Moment
in meinem Leben.

Ich trage
die Verantwortung
für mich und mein Sein.

Mein Leben
orientiert sich
an der Freude.

Ich öffne mich
der Schönheit
des Lebens.

Ich bin immer
in Sicherheit
und geborgen.

Mein Leben
findet im Hier
und Jetzt
statt.

Ich lasse die
Vergangenheit
los.

Affirmationen: Intelligenz und Mindset

Instagram: @Mindset_ToGo

Ich bin im Frieden
mit dem Leben.

Alles ist gut.

Ich bin stolz
zu meinem Wort
zu stehen.

Ich kann unterscheiden,
was für mich richtig
und was für mich
falsch ist.

Ich muss
nicht alles
glauben.

Heute bin
ich für
alles dankbar.

Ich übernehme
Verantwortung
für mein Handeln.

Ich beschenke
Menschen gerne
mit meiner
Anerkennung.

Ich bin
nicht alleine.

Ich darf
meine ehrliche
Meinung äußern.

Ich darf
Nein sagen.

Ich erlebe
ein wunderbares
und einzigartiges
Abenteuer.

Das Leben ist
für mich.

Alles kommt
genau so wie
ich es brauche,
zur richtigen Zeit,
am richtigen Ort.

Ich bin
immer in
Sicherheit.

Affirmationen: Intelligenz und Mindset

Instagram: @Mindset_ToGo

Ich lasse alles zu, was meiner Entwicklung dient.	Ich bin bereit Gutes zu sehen.	Alles ist in Ordnung.
Leichtigkeit und Freude zeigen mir den richtigen Weg.	Das Leben liebt mich.	Ich kann schwere Zeiten durchstehen.
In allem liegt ein Geschenk.	Ich bin stolz auf meine Stärken.	Ich wähle ein glückliches Leben.
Ich bin dankbar für alles, was ich habe.	Meine Intuition ist ein Kompass, der mir die richtige Richtung zeigt.	Ich selbst bin die Energie, die ich in meinem Leben lebe.
Das Leben erfüllt mich jeden Tag mit neuer Energie.	Danke, dass ich heute einen neuen Tag geschenkt bekommen habe.	Mein Leben hat einen Sinn.

Affirmationen: Intelligenz und Mindset

Instagram @Mindset_ToGo

Ich habe alles,
was ich brauche.

Ich anerkenne
mich!

Ich bin frei
das Leben zu lieben
und zu genießen.

Ich bin
ganz frei.

Ich vertraue
mir.

Ich vertraue
dem Leben.

Ich bin voller
Power und toller Ideen.

Ich bin
vollständig.

Ich bin einzigartig
auf dieser Welt.

Mein hohes
Selbstbewusstsein
erlaubt es mir auch
andere Menschen zu
akzeptieren..

Ich treffe
gerne kraftvolle
Entscheidungen.

Ich bin stark
und beschützt.

Ich bin gut
zu mir.

Ich bin begabt!

Ich fühle
mich sicher.

Affirmationen: Intelligenz und Mindset

Instagram: @Mindset_ToGo

Ich muss mich nicht beweisen.

Ich glaube an mich und meinen Weg.

Ich schätze mich und begegne mir mit Wohlwollen.

Ich glaube an mein grenzenloses Potential.

Ich öffne mich meiner eigenen Schönheit.

Ich bin stolz auf die Person, die ich bin.

Alles, woran ich glaube, beginnt zu existieren.

Ich bin zu mehr fähig, als ich denke.

Ich bin bereit, mein Leben zu ändern.

Dieser Tag ist ein Geschenk.

Dieser Tag ist ein Neubeginn.

Das Leben ist auf meiner Seite.

Der Tag erfüllt mich mit Zuversicht.

Mein Leben ist ein Geschenk.

Ich habe immer das, was ich gerade benötige.

Affirmationen: Erfolg, Karriere und Business

Instagram: @Mindset_ToGo

Ich bin mächtig.	Ich bin gut so wie ich bin.	Ich verdiene Erfüllung, Erfolg, Reichtum und Freude.
Jeder Tag gibt mir die Möglichkeit, an mir zu arbeiten.	Ich alleine entscheide.	Ich bin ehrgeizig.
Bei einer Provokation mache ich nicht mit.	Ich bin erfolgreich in allem was ich tue.	Ich bin intelligent und habe immer eine Lösung.
Ich bin stolz meinen Job so gut auszuführen.	Ich weiß, dass ich gut bin in dem, was ich tue.	Ich bin fokussiert und klar.
Ich bin dankbar für das Lob, das ich für meine Arbeit bekomme.	Ich muss nicht jeden mögen.	Meine Karriere ist ein Teil von mir, für den ich mich bewusst entschieden habe.

Affirmationen: Erfolg, Karriere und Business

Instagram: @Mindset-ToGo

Ich lasse meine Härte los und stehe zu meinen Schwächen.	Ich denke voller Dankbarkeit an meinen Weg zum Erfolg.	Ich kann eine erfolgreiche Karriere UND eine glückliche Familie haben.
Heute schenke ich mir eine Auszeit und lasse meine Arbeit ruhen.	Ich muss nichts kontrollieren. Ich darf vertrauen.	Ich darf meine Schwächen zeigen.
Ich kann jede Hürde mit Bravour meistern.	Ich bin ein wertvoller Mensch.	Ich entscheide mich bewusst für Erfolg in meinem Leben.
Auch Wolkenkratzer haben einmal als Keller angefangen.	Ich darf mich selbst loben.	Ich darf um Hilfe fragen.
Ich darf Hilfe annehmen.	Ich bin kraftvoll und lebendig.	Ich bin jeder Situation vollkommen gewachsen.

Affirmationen: Erfolg, Karriere und Business

Instagram: @Mindset_ToGo

Ich kommuniziere offen und ehrlich mit meiner Umwelt.	Ich muss nicht alles gut finden.	Ich feiere mich und alles, was ich erreicht habe.
Ich muss nicht auf alles eine Antwort wissen.	Ich erlaube mir Erfolg in allen Bereichen meines Lebens.	Ich kommuniziere klar und mit Leichtigkeit.
Es gibt keine Probleme, Probleme sind Herausforderungen und lassen mich wachsen.	Es besteht großes Verlangen nach meinen Fähigkeiten und Talenten.	Ich bin authentisch anstatt perfekt.
Ich habe es mir verdient, den Job zu bekommen, den ich haben will.	Ich darf haben, was ich möchte.	Ich liebe meinen Erfolg.
Ich bin ein Glücksmagnet und ziehe das Glück an.	Heute fällt es mir leicht konzentriert zu sein.	Erfolg ist ein Teil meines Lebens.

Affirmationen: Erfolg, Karriere und Business

Instagram: @Mindset_ToGo

Jeden Tag gebe ich mein Bestes.	An Herausforderungen wachse ich.	Ich habe das Zeug zum Erfolg.
Ich bin mehr als erfolgreich in Allem was ich tue.	Ich bin so viel machtvoller als ich denke.	Erfolg ist ein fester Bestandteil meines Lebens.
Ich darf erfolgreich sein.	Alles, was ich anfange, kann erfolgreich werden.	Ich verdiene es erfolgreich zu sein.
In allem was ich unternehme, bin ich erfolgreich.	Ich kenne meine Talente.	Meine Arbeit erfüllt mich.
Mir steht eine unbegrenzte Kreativität zur Verfügung.	Meine Kollegen helfen mir, wenn ich sie darum bitte.	Ich darf mich selbst als talentiert anerkennen.

Affirmationen: Erfolg, Karriere und Business

Instagram: @Mindset_ToGo

Ich bin in meinem Beruf sehr gut.	Unabhängig von meinen Leistungen bin ich wertvoll.	Ich erklimme die Karriereleiter leicht und es fühlt sich gut an.
Ich erledige meinen Job wirklich gut.	Mein Job ist wichtig.	Ich erarbeite mir meinen Erfolg.
Ich kann meine Ideen gut umsetzen.	Ich bin kreativ.	Ich bin mir meiner Begabungen und Talente bewusst.
Meine Arbeit bringt Nutzen.	Meine Arbeit ist konstruktiv.	Ich bin bedeutend.
Meine Arbeit ist unersetzlich.	Meine Arbeit wird wertgeschätzt.	Ich werde wertgeschätzt.

Affirmationen: Erfolg, Karriere und Business

Instagram: @Mindset_ToGo

Ich bin ausreichend.	Meine Schwächen sind völlig okay.	Ich glaube an meine Fähigkeiten.
Ich darf Misserfolge haben.	Nur, wenn ich etwas riskiere, kann ich wachsen. Heute trau ich mich.	Ich bin sensationell.
Je reicher ich an Erfahrungen werde, desto reicher werde ich auch an Lösungen.	Ein spannender Tag liegt vor mir, ich bin bereit, ihn erfolgreich zu meistern.	Oft kommt der Erfolg in kleinen Schritten, ich gebe nicht auf.
Es ist ok, dass der große Erfolg mich reizt.	Ich darf mit Stolz auf meine überwältigende Karriere blicken.	Ich verdiene eine spektakuläre Karriere.
Ich bleibe am Ball, um mir meinen Erfolg aufzubauen.	Ich weiß, dass meine Arbeit gut ist und diese Denkweise ist nicht arrogant.	Ich bin ein Teamplayer.

Affirmationen: Erfolg, Karriere und Business

Instagram: @Mindset_ToGo

Ich weiß, dass ich das Bild einer guten Führungskraft verkörpere.

Ich sehe die Lösung.

Ich beginne heute damit ein gutes Verhältnis zu meinen Mitarbeitern aufzubauen.

Ich blicke voller Zuversicht auf meine erfolgreiche Zukunft.

Wenn sich eine Tür schließt, öffnet sich die nächste.

Ehrgeiz und Konsequenz sind mein persönlicher Schlüssel zum Erfolg.

Wohlwollend helfe ich anderen, erfolgreich zu sein.

Mein Wissen ist wertvoll.

Ich bin lernfähig und stark und auf dem richtigen Weg zum Erfolg.

Ich glaube an mich.

Wenn ich es mir vorstellen kann, kann ich es auch erreichen.

Wie kann ich es mir heute noch leichter machen?

Ich bin wichtig.

Alles ist für mich möglich.

Ich werde mein Ziel erreichen.

Affirmationen: Visionen, Ziele und Träume

Instagram: @Mindset_ToGo

Alles, was ich mir vorstellen kann, kann ich auch erreichen.	In konzentriere mich auf die guten Dinge.	Ich lasse alles Negative hinter mir.
Ich kann mich immer auf mich verlassen.	Mein gutes Leben startet jeden Morgen neu.	Heute begegne ich allen Dingen gelassen.
Ich kann nicht verlieren, sondern nur gewinnen.	In jeder Hinsicht werde ich jeden Tag noch besser.	Ich selbst weiß, was am besten für mich ist.
Ich weiß, dass ich in meinem Leben den richtigen Weg gehe und meine Ziele erreichen werde.	Ich träume groß!	Meine Visionen sind eindeutig, ich kann sie klar erkennen..
Ich freue mich auf heute, der Tag wird Gutes bringen.	Nicht das Ziel ist das Wichtigste, sondern der Weg zum Ziel.	Die Gegenwart erfüllt mich in jedem Augenblick.

Affirmationen: Visionen, Ziele und Träume

Instagram: @Mindset_ToGo

Ich habe immer mehr als genug Energie.	Ich vertraue auf meine Fähigkeiten, Gutes zu erzeugen.	Meine Entscheidungen sind immer die richtigen für mich.
Ich bin bereit für Veränderungen.	Ich kann mich auf das konzentrieren, was ich will.	Ich akzeptiere die Dinge, die ich nicht verändern kann.
Ich freue mich darauf, etwas Neues anzufangen.	Ich bin mit der Stimme meines Herzens verbunden.	Ich selbst bin heute die Veränderung, die ich der Welt wünsche.
Ich kann etwas bewegen.	Dank meiner inneren Ruhe erkenne ich die wichtigen Ziele in meinem Leben.	Ich vertraue meinem Instinkt, wann es sich lohnt, zu warten.
Heute erledige ich immer eine Aufgabe nach der anderen.	Ich kann mich auf meine Aufgaben konzentrieren.	Dieser Tag bringt ungeahnte Chancen.

Affirmationen: Visionen, Ziele und Träume

Instagram: @Mindset_ToGo

Ich darf und ich will meinen eigenen Weg gehen.	ich wachse mit den Anforderungen, die sich mir stellen.	Ich habe meine persönliche Balance gefunden.
Ich bin dankbar meine Wünsche klar definieren zu können.	Meine Träume werden angehört.	Heute sage ich Nein ohne mich zu rechtfertigen.
Ich mache es einfach.	Mein Leben ist so bunt, wie ich es ausmale.	Ich kann mich auf das konzentrieren, was ich will.
Der Anfang ist der schwierigste Schritt, doch ich gehe meinen Weg mutig.	Heute ist mein Ziel eine bessere Version meiner selbst zu sein als ich es gestern war.	Heute begegne ich allem, was ich nicht ändern kann, mit Ruhe und Gelassenheit.
Das Leben bietet mir Gelegenheit zu wachsen und ich nehme sie dankbar an.	Ich bin stets frei und freudig neue Erfahrungen zu machen.	Ich übernehme 100% Verantwortung.

Affirmationen: Visionen, Ziele und Träume

Instagram: @Mindset_ToGo

Ich freue mich
auf das,
was morgen
kommt.

Heute ist
ein Geschenk.

Ich weiß,
dass ich die
Schöpferin/
der Schöpfer
meiner Realität bin.

Heute sehe ich
das Gute in
jeder Situation.

Ich genieße
mein Leben.

Ich grüße jeden Tag
mit großer
Dankbarkeit.

Ich bin
der Herr/die Frau
über meinen Verstand,
über meine Gewohnheiten
und mein Verhalten.

Ich begebe mich gerne
in den Fluss
neuer Erfahrungen,
Richtungen und
Veränderungen.

Ich lasse neue
Gedanken in mir
entstehen.

Ich arbeite
jeden Tag daran
meine Ziele
zu erreichen.

Heute ist
ein guter Tag.

Morgen ist
ein neuer Tag.

Was ich mir
vornehme,
kann ich auch
erreichen.

Ich weiß, dass ich ein
starker, disziplinierter
und konsequenter
Mensch bin.

Auch wenn ich
groß träume, so weiß
ich, dass meine
Träume Realität
werden können.

Affirmationen: Visionen, Ziele und Träume

Instagram @Mindset_ToGo

Meine Träume sind mein Antrieb.	Am Ende des Weges befindet sich mein Ziel, es ist zum Greifen nahe.	Ich muss keine Angst vor dem Weg haben, denn das Ziel ist jede Mühe wert.
Jeder Tag ist voller schöner Momente, ich darf sie erkennen und annehmen.	Ich gestalte mein Leben so, wie ich es möchte.	Ich kann von heute auf morgen wachsen.
Ich bin dankbar für alles, was ich heute empfangen werde.	Ich kann. Ich will. Ich werde.	Ich bin jeden Tag glücklicher.
Ich bin glaube daran, dass heute nur das Beste geschieht.	Ich vertraue meinem Weg.	Ich fühle mich willkommen, wohin ich auch gehe.
Ich bin auf dem richtigen Weg.	Ich erschaffe ein erfülltes Leben.	Ich genieße jeden Moment an diesem Tag.

Affirmationen: Visionen, Ziele und Träume

Instagram: @Mindset_ToGo

Heute überschreite ich Grenzen.

Die Welt steckt voller Überraschungen.

Veränderungen sind etwas Schönes und ich kann mich schnell daran anpassen.

Ich liebe Herausforderungen! Nur so kann ich das Beste aus mir herausholen.

Ich bin frei und bestimme meine Ziele selbst.

Heute werde ich nichts bereuen.

Heute ergreife ich neue Chancen.

Es ist ok, die Verantwortung abzugeben.

Ich finde kreative Lösungen für jegliche Herausforderungen.

Ich kann das Geschenk in jeder Herausforderung erkennen.

Was auch immer ich tue, ich wachse und gedeihe.

Nichts ist unmöglich. Mein starker Wille wird mich an mein Ziel führen.

Wenn andere es schaffen, dann kann ich es auch schaffen.

Ich gehe mit Freude und Offenheit durch den Tag.

Ich erreiche meine Ziele mit Leichtigkeit.

Affirmationen: Visionen, Ziele und Träume

Instagram: @Mindset_ToGo

Ich öffne die Wege für neue Richtungen.	Ich selbst erschaffe mir mein Leben so, wie es ist.	Da, wo ich jetzt bin, bin ich im Frieden mit mir selbst.
Ich bin der Situation gewachsen.	Ich freue mich auf etwas Neues und nehme es erwartungsvoll an.	Heute bin ich offen, für alles was der Tag bringen mag.
Ich kenne die Lösung.	Mein Weg ist für mich richtig.	Jeden Tag ist mein Leben voller Möglichkeiten.
Ich bin heute für den nächsten Schritt bereit.	Ich darf mir meine Träume erfüllen.	Ich darf meine Träume leben.
Ich ziehe meine Wünsche magisch an.	Ich schaffe alles, was ich will.	Ich bin größer als jede Herausforderung.

Affirmationen: Visionen, Ziele und Träume

Instagram: @Mindset_ToGo

Heute überwinde ich Vorurteile.	Ich konzentriere mich auf mein Ziel, egal was andere sagen.	Ich weiß, was ich will und bin bereit dieses Ziel zu erreichen.
Ich akzeptiere mich voll und ganz.	Ich kann alles erschaffen was ich mir vorstelle.	Ich öffne mein Herz für neue Erfahrungen.
Ich folge meinen Herzenswünschen.	Meine Schöpferkraft liegt in diesem Moment.	Ich kann meine Welt so erschaffen, wie es mir beliebt.
Meine Welt entsteht aus der Kraft meiner Entscheidungen.	Ich kann lernen, meinen Wünschen Prioritäten zu geben.	Ich bin, was ich wähle zu sein.
Ich lerne meinem Weg zu vertrauen.	Jeden Tag vertraue ich mir mehr.	Ich liebe meine Vision!

Affirmationen: Spiritualität

Instagram: @Mindset_ToGo

Das Universum
will mir alles
geben, was
ich will.

Ich vertraue auf
die positiven
Ereignisse
in meinem Leben.

Dieser Tag
ist gesegnet.

Ich bleibe ruhig und
locker und lasse das
Universum für mich
arbeiten.

Das Universum
sorgt sich
um mich.

Ich bin in
ständigem Kontakt
mit meiner Quelle.

Ich nehme mir Zeit
nach innen
zu schauen.

Die Welt
segnet mich.

Das Universum
schenkt mir die
volle Unterstützung.

Das
Universum
liebt mich.

Ich vertraue auf
die göttliche
Führung.

Ich weiß,
dass das
Universum
mich führt.

Ich bin ein
Segen
für die Welt.

Ich bin von
göttlicher
Harmonie umgeben
und strahle
diese aus.

Gottes Strom
des Friedens
und der Freude
durchströmt mich.

Affirmationen: Spiritualität

Instagram: @Mindset_ToGo

Gott hat mich erschaffen und liebt mich so wie ich bin.	Mein Licht weist mir den Weg.	Wenn ich mich dem Universum hingebe, wird es mir meinen Weg weisen.
Mein Glaube verwandelt alle Möglichkeiten in Wirklichkeiten.	Mein Glaube versetzt Berge.	In mir ist eine unendliche, liebevolle und göttliche Kraft.
Ich selbst stehe offen zu meinem Glauben und möchte ihn der Welt zeigen.	Ich bin dankbar für die Wunder in meinem Leben als solche zu erkennen.	Ich spüre die bedingungslose Liebe von etwas Höherem.
Das Universum ist die Urquelle der Liebe und es ist bereit, mir noch mehr Liebe zu geben.	Mein Leben darf leicht sein.	Das Licht und die Helligkeit umgeben mich und ich fühle mich in ihrer Gegenwart wohl.
Das Universum hilft mir, in meiner Mitte zu bleiben.	Ich vertraue darauf, dass alles zur richtigen Zeit zu mir kommt.	Das Universum achtet auf mein höchstes Wohl.

Affirmationen: Spiritualität

Instagram: @Mindset_ToGo

Das Gute findet mich in jeder Situation, es ist ein Teil meiner Selbst.	Mein Leben ist im Licht.	Ich fühle mich geerdet und bin absoulut in meinem Gleichgewicht.
Ich ruhe in der Mitte meines wahren Wesens.	Mein Herz ist offen für das Leben.	Ich spüre die Wärme, die das Licht in mir ausstrahlt.
Ich lasse mich auf die Resonanz mit der göttlichen Quelle ein.	Ich bin die ich bin.	Ich bin der ich bin.
Im Einklang mit dem Universum tanke ich neue Kraft.	Die göttliche Gegenwart beschützt und heilt mich zu jeder Zeit.	Ich darf auf die göttliche Gegenwart vertrauen.
Ich repräsentiere die handelnde göttliche Liebe.	Ich spüre die offenbarende Kraft und die Weisheit und kann aus Einsicht und Weitsicht mit Liebe handeln.	Ich bin geliebt.

Affirmationen: Spiritualität

Instagram: @Mindset_ToGo

Mein Unterbewusstsein
ist so mächtig,
dass mir nichts
unmöglich ist.

Ich darf ein Wesen
des Lichts sein.

Voller Freude
sende ich Licht
in die Welt und
empfange es ebenso.

Alles, was ich
erschaffe,
will ich mit
Liebe ehren.

Das Universum öffnet
mir alle Türen,
ich muss nur noch
hindurchgehen.

Ich bin geführt.

Ich vertraue
meinem höheren
Selbst.

Ich bin
ein Teil des Ganzen,
des Himmels,
der Erde,
der Liebe,
des Lichts.

Die göttliche
Vollkommenheit
schenkt mir Ruhe und
Gelassenheit.

Das Unendliche
schenkt mir jeden Tag
neue Fantasie.

Ich glaube an
die Auferstehung
und an das Leben.

Jedes Lebewesen
erhält die göttliche
Liebe und jedes
Lebewesen
verdient sie.

Das Vertrauen
in das Universum
ist mein Ruhepol,
hier kann ich abschalten.

Ich bin dankbar,
dass ich glaube.

Ich bin
gesegnet.

Affirmationen: Spirituälitat

Instagram: @Mindset_ToGo

Mit jedem Atemzug atme ich Frieden ein.	Ich fühle mich sicher.	Ich lasse los.
Mir kann nichts passieren, ich bin in Sicherheit.	Ich bin sicher, geborgen und beschützt.	Es ist Frieden in mir.
Ich bin offen für Wunder.	Ich werde geleitet und unterstützt.	Es ist immer für mich gesorgt.
Ich bewahre meinen Frieden.	Ich darf mich dem Universum hingeben.	Ich bin im ganzen Universum Zuhause.
An jedem Punkt in meinem Leben bin ich sicher.	Mein Herz zeigt mir den Weg.	Mein Herz ist der direkte Draht zur Quelle.

Affirmationen: Spiritualität

Instagram: @Mindset_ToGo

Ich bin ein wichtiger Teil des universellen Plans.	Ich vertraue den Mächten und der Hilfe des Universums.	Ich weiß, dass alles zu meinem höheren Wohl geschieht.
Mir kann nichts passieren, ich bin in Sicherheit.	Ich nehme mir Zeit meiner Seele zu lauschen.	Frieden beginnt in mir.
Ich bin ein Wunder.	Ich bin grenzenloses Bewusstsein.	Die Welt lacht mich an.
Ich erkenne meinen unermesslichen Wert an.	Ich teile mein Licht mit der Welt.	Ich bin aus sehr gutem Grund hier.
Ich habe eine Aufgabe auf dieser Welt.	Ich trage Licht in die Herzen der Menschen die mich umgeben.	Die Antwort ist immer Liebe.

Affirmationen: Spiritualität

Instagram @Mindset_ToGo

Mit jedem Atemzug lasse ich meine Ängste los und werde ruhiger.	Ich tue das, was sich in meinem Herzen richtig anfühlt.	Was auch immer heute passiert, ich weiß, dass ich damit umgehen kann.
Ich muss nicht irgendwo dazu gehören. Alles, was zu mir gehört, was gut für mich ist, kommt zur richtigen Zeit zu mir.	Ich bin Sternenstaub.	Für mich ist immer gesorgt.
Ich höre auf die Stimme in meinem Herzen und folge meiner Intuition.	Mein Herz weist mir den richtigen Weg.	Ich spreche meine Wahrheit.
Heilung liegt in mir.	Ich lege meine Maske ab und lebe meine Einzigartigkeit.	Das Leben darf leicht sein.
Ich bin voller Leben, schöpferisch und kreativ und lasse Freude in mein Leben.	Ich darf strahlen und mein Licht mit der Welt teilen.	Ich öffne mein Herz.

Affirmationen: Spiritualität

Instagram: @Mindset_ToGo

Ich lasse jetzt los, was ich nicht ändern kann.

Ich habe einen Platz in dieser Welt und ich bin willkommen.

Ich bin verbunden mit der universellen Energie.

Ich vertraue der göttlichen Führung in mir.

Ich lasse los und schaffe Raum für Neues.

Ich bin, was ich wähle zu sein.

Ich bin grenzenlos.

Meine Zukunft ist voller Wunder.

Ich höre auf die Botschaften meines Herzens.

Das Leben bietet mir so viele Gelegenheiten zu wachsen und ich nehme sie dankbar an.

Ich erkenne, dass ich der Ursprung meines Glücks bin.

Ich schwinge auf der Frequenz von Liebe und Freude.

Ich verehre das Göttliche, das in mir ist.

Ich lebe jetzt.

Ich bin ein Teil von Allem was ist.

Affirmationen: Spiritualität

Instagram: @Mindset_ToGo

Ich liebe mein Leben.	Ich liebe das Leben und das Leben liebt mich.	Ich habe die Macht über mein Leben.
Ich habe immer die Wahl.	Ich darf sein!	Egal was ich tue, das Universum hilft mir immer.
Ich höre auf die Stimme in meinem Herzen und folge meiner Intuition.	Meine Frequenz ist Liebe.	Ich erinnere mich daran, dass ich eine spirituelle Seele bin, die hier ist, um eine menschliche Erfahrung zu machen.
Ich bin kein Opfer meiner Lebensumstände. Ich kreiere sie.	Ich bin frei zu erschaffen, was immer sich aus mir heraus zeigen möchte.	Das Leben passiert für mich!
Ich vertraue dem Fluss des Leben.	Wunder sind Teil meines Lebens.	Ich bin die geliebte Energie des Universums.

Affirmationen: Körper und Gesundheit

Instagram: @Mindset_ToGo

Ich schließe Frieden mit meinem Körper.

Ich fühle mich großartig und zu allem bereit.

Ich bin voller Energie und Gesundheit.

Ich bin flexibel und lebendig.

Ich kann mein Gewicht mit Leichtigkeit halten.

Ich bleibe dynamisch und jung.

Ich liebe die grenzenlose Energie, die durch meinen Körper strömt.

Ich sorge mich liebevoll um meinen Körper, er hat es verdient.

Wenn meine Atmung entspannt, ruhig und tief ist, werde auch ich entspannt und ruhig.

Bewusste Bewegung tut mir gut.

Ich achte auf die Botschaften, die mir mein Körper sendet.

Gesunde Gedanken fördern auch meine Gesundheit.

Ich bin heil.

Ich sprühe vor Lebenskraft, weil mein Körper gesund ist.

Meine Ausdauer und Beweglichkeit erhalte ich mir durch regelmäßige Bewegung, die meinem Körper gut tut.

Affirmationen: Körper und Gesundheit

Instagram: @Mindset_ToGo

Ich bin dankbar
für meinen
gesunden Körper.

Meine Dynamik
macht mich stolz.

Mein Körper
erfährt zu jeder Zeit
eine heilende Energie.

Ich bin dankbar
für meine
Selbstheilungskräfte.

Ich liebe es,
mich in der Natur
zu bewegen.

Harmonie und
Ausgeglichenheit sind
Teil meines Ichs.

Nährendes Essen
tut meinem Körper
gut und fördert
meine Produktivität.

Ich fühle mich
pudelwohl
mit meinem
Wunschgewicht.

Ich weiß,
dass mein Körper
perfekt arbeitet.

Ich bewundere
meinen Körper.

Heute trainiere ich
meinen Geist und
meinen Körper.

Heute höre ich auf
mein Bauchgefühl.

Ich nehme mir
Zeit für meine
Bedürfnisse.

Ich weiß,
dass ich eine
gute Intuition habe.

Ich respektiere
meinen Körper.

Affirmationen: Körper und Gesundheit

Instagram: @Mindset_ToGo

Ich vertraue meinem Bauchgefühl, es lässt mich nie im Stich.	Ich achte auf meine Ernährung.	Heute bin ich für mich selbst da.
Ich weiß, dass mein Körper sich selbst heilen kann.	Ich bin dankbar für die Dienste, die mein Körper leistet.	Ich bin in jedem Augenblick mit meinem Körper verbunden.
Ich atme ruhig und entspannt.	Ich bin sicher, ausgeglichen und frei.	Ich achte auf meinen persönlichen Lebensrhytmus.
Mein Verstand ist voller wertvoller, gesunder und positiver Gedanken.	Ich werde jeden Tag stärker und gesünder.	Ich achte auf meine Grenzen.
Ich bin voller Lebensenergie.	Ich tue mir selbst Gutes.	Ich vertraue der unendlichen Weisheit meines Körpers.

Affirmationen: Körper und Gesundheit

Instagram: @Mindset_ToGo

Mein Körper harmoniert als Ganzes.	Ich entscheide mich für meine innere Ruhe.	Heute achte ich auf die Signale meines Körpers.
Ich weiß, dass ich stark bin.	Ich kann meine große Stärke fühlen.	Ich gehe meinen Weg voller Kraft.
Ich spüre den Rhythmus meines neuen Lebens.	Ich fühle mich schön.	Alles an mir ist richtig.
Ich bin meinem Herzen dankbar, denn es ist stark und voller Zuversicht.	Ich bin meinen Füßen dankbar, denn sie tragen mich wohin ich auch will.	Ich bin meinem Rücken dankbar, denn er trägt mich aufrecht durchs Leben.
Ich achte auf mein Denken und wähle bewusst gesunde Gedanken.	Ich empfinde meinen Körper als harmonisches Ganzes.	Ich vertraue meiner Intuition und meiner inneren Stimme.

Affirmationen: Körper und Gesundheit

Instagram: @Mindset_ToGo

Ich lege Wert auf meine körperliche Gesundheit.	Ich fühle mich stark.	Jede Zelle meines Körpers ist gut.
Eine gesunde Ernährung tut meinem Körper gut.	Ausreichend Bewegung ist wichtig für meine Gesundheit.	Ich verdiene vollkommene Gesundheit.
Wenn ich Hunger habe, esse ich.	Ich esse bewusst.	Ich fühle mich heute von innen heraus wohl.
Ich bin mit meinem Körper verbunden.	Ich kan mich über meine Weiblichkeit freuen und meine Freude zeigen.	Ich kann mich über meine Männlichkeit freuen und meine Freude zeigen.
Mir geht es jeden Tag besser.	Ich gehöre niemanden, nur mir selbst.	Ich fühle mich in meinem Körper wohl.

Affirmationen: Körper und Gesundheit

Instagram: @Mindset_ToGo

Ich bin mit meinem Körper in Einklang.	Ich bin stolz auf mein persönliches Wunschgewicht.	Ich fühle mich vollkommen.
Gesunde Lebensmittel tun mir gut.	Ich verdiene Gesundheit.	Gesundheit ist ein Teil meines Lebens.
Ich pflege mein Inneres.	Ich vertraue auf mein Glück.	Die Quelle meiner Kraft liegt in mir.
Meine Kraft ist grenzenlos.	Ich bin gesund.	Ich bin dankbar gesund zu sein.
Ich kann mein Traumgewicht erreichen.	Ich stelle meine Ernährung um, sodass es meinem Körper gut geht.	Ich ernähre mich ausgewogen.

Affirmationen: Körper und Gesundheit

Instagram: @Mindset_ToGo

Es tut mir gut, mich zu bewegen.	Es fällt mir leicht, gesund zu leben.	Mein Körper darf unperfekt sein.
Es fällt mir leicht, mich ausgewogen zu ernähren.	Ich genieße es aktiv zu sein. 	Ich bin voller Tatendrang.
Ich habe Kraft.	Ich bin stolz auf meine Erfolge.	Ich bin stolz auf meinen Körper.
Ich bin stolz auf meine Gesundheit.	Ich behandle meinen Körper behutsam und liebevoll.	Ich achte auf meinen Körper.
Ich gebe meinem Körper, was er braucht.	Mein Körper und mein Geist sind eins. 	Mein Körper ist stark.

Affirmationen: Körper und Gesundheit

Instagram: @Mindset_ToGo

Jeder Atemzug schenkt mir Kraft.

Ich fühle die Energie in meinem Körper.

Ich fühle mich vital.

Ich behandle meinen Körper mit Respekt.

Ich bin gesund.

In jedem Moment liegt die Chance für Heilung.

Ich bin in meiner Mitte.

Ich verbinde in der Entspannung Körper, Geist und Seele.

Jeden Tag fühle ich mich besser.

Ich bin so dankbar für meine Hände.

Ich bin so dankbar für meine Augen.

Ich bin so dankbar für meine Ohren.

Ich bin so dankbar für mein Immunsystem.

Ich segne meinen Körper.

Ich bin dankbar für mein Herz das jeden Tag für mich schlägt.

Affirmationen: Körper und Gesundheit

Instagram: @Mindset_ToGo

Ich freue mich
über meine
Weiblichkeit.

Ich freue mich
über meine
Männlichkeit.

Ich fühle
mich gesund.

Ich fühle mich
von innen heraus
wohl.

Ich fühle und ich
weiß, dass ich in jeder
Hinsicht vollkommen bin.

Ich genieße es
immer mehr
mich zu bewegen.

Ich gestatte mir,
mein Wunschgewicht
zu haben.

Ich halte mein
Gewicht
mit Leichtigkeit.

Ich lebe gesund
und ausgewogen.

Ich bin es mir Wert
gesund zu essen.

Ich mache mir selbst
eine angenehme
Entspannung zum
Geschenk.

Ich spüre und
genieße meine
Vitalität.

Jede Zelle
meines Körpers wird
geliebt.

Jeder Atemzug
gibt mir neue Energie.

Mein Gewicht
pendelt sich mit
der Zeit genau da ein,
wo es gut und richtig
für mich ist.

Affirmationen für Kinder
Instagram: @Mindset_ToGo
Ich bin großartig.
Ich bin einzigartig.
Ich bin liebenswert, egal was ich tue.
Ich schaffe alles, was ich will.
Alles ist möglich!
Ich bin stolz auf mich und alles, was ich schon erreicht habe.
Was auch immer ich tue, ich gebe mein Bestes.
Ich bin perfekt so wie ich bin.
Ich kann alles werden, was ich werden möchte.
Niemand kann mich heute aufhalten.
Ich kann alles schaffen, weil ich es will.
Ich bin intelligent und wirklich wissbegierig.
Ich habe eine große Vorstellungskraft, meine Fantasie lässt mich nie im Stich.
Ich bin sanft zu mir und anderen.
Ich bin vollkommen.

Affirmationen für Kinder

Instagram: @Mindset_ToGo

Alles, was
ich mache,
ist gut so.

Ich bin
geliebt und
beschützt.

Meine Eltern
und Freunde stehen
hinter mir.

Ich trage dazu
bei, dass die Welt
schön ist.

Ich bin
selbstsicher.

Ich probiere
gerne neue
Ideen aus.

Ich bin mutig,
auch wenn
eine Situation schwierig
zu sein scheint.

Ich gebe
mein Bestes.

Ich bin
zielstrebig.

Ich bin gesund.

Ich bin
ausgeglichen.

Ich bin genug.

Ich darf meine
Gedanken
laut sagen.

Meine Eltern
liebt mich,
egal was ich mache.

Meine Mama liebt
mich, egal was ich
mache.

Affirmationen für Kinder

Instagram: @Mindset_ToGo

Ich bin zauberhaft.

Meine Eltern sind stolz auf mich.

Heute wird ein sehr guter Tag.

Ich weiß, dass ich es kann.

Ich bin stolz auf mich.

Ich bin etwas ganz Besonderes.

Ich habe meinen Platz in dieser Welt.

Ich bin talentiert und das weiß ich auch.

Ich kann das.

Ich bin selbstbewusst und stark.

Ich habe Vertrauen.

Ich bin hilfsbereit.

Ich bin ein guter Freund.

Ich bin offen und mutig.

Ich bin zuversichtlich.

Affirmationen für Kinder

Instagram: @Mindset_ToGo

Mein Papa liebt mich, egal was ich mache.	Ich weiß, dass ich unterstützt werde.	Meine Eltern hören mir zu.
Meine Mama hört mir zu.	Mein Papa hört mir zu.	Ich werde einen schönen Tag haben.
Mich zu bewegen macht mir Spaß.	Ich übernehme gerne Verantwortung.	Ich kann mit meinen Eltern über alles reden.
Ich kann mit meiner Mama über alles reden.	Ich kann mit meinem Papa über alles reden.	Ich werde ernst genommen.
Ich muss mich nicht verbiegen, ich darf so sein wie ich bin.	Ich vertraue meinen Eltern.	Ich vertraue meiner Mama.

Affirmationen für Kinder

Instagram: @Mindset_ToGo

Ich vertraue meinem Papa.

Ich traue mir etwas zu.

Heute traue ich mich noch mehr.

Ich bin wirklich gut.

Ich werde gehört.

Meine Sorgen werden gehört.

Ich bin erwünscht. Meine Eltern wollen und lieben mich jeden Tag.

Ich bin richtig, genau so wie ich bin.

Ich bin das Beste was meinen Eltern passieren konnte.

Ich bin das Beste was meiner Mama passieren konnte.

Ich bin das Beste was meinem Papa passieren konnte.

Ich bin mutig.

Ich kann viel.

Ich bin unheimlich stark.

Ich bin neugierig, und das ist gut so.

Affirmationen für Kinder

Instagram: @Mindset_ToGo

Was ich denke und sage, wird gehört und ist wichtig.

Ich achte auf die Natur.

Meine Wünsche sind wichtig.

Ich bin aufmerksam.

Ich bin glücklich, dass es mich gibt.

Ich bin wirklich geschickt.

Ich bin voller Freude.

Ich liebe ALLES an mir.

Ich darf mutig und stark sein.

Ich bin respektvoll.

Meine Meinung zählt.

Ich spiele gerne mit meinen Freunden.

Ich traue mich zu sagen, was mir wichtig ist.

Ich darf sagen, was ich brauche.

Ich behandle alle Lebewesen mit Respekt.

Affirmationen für Kinder

Instagram: @Mindset_ToGo

Ich darf alle meine Gefühle ausdrücken.	Meine Fähigkeiten werden gebraucht.	Ich bin ein Gewinner.
Mein Herz ist voller Liebe.	Gott liebt mich.	Ich bin wichtig.
Ich bin dankbar.	Ich habe Vertrauen in mich.	Ich habe Vertrauen in das Leben.
Ich bin glücklich.	Ich bin liebevoll.	Ich bin beschützt.
Ich vertraue auf meine Fähigkeiten.	Ich werde jeden Tag besser und besser in allem was ich tue.	Meine Familie und Freunde lieben mich so wie ich bin.

Affirmationen für Kinder

Instagram: @Mindset_ToGo

Ich bin geliebt.

Ich bin schlau!

Alle meine Gefühle sind wichtig und richtig!

Genau so wie ich bin, liebe ich mich.

Ich bin unendlich liebenswert.

Es gibt immer eine Lösung.

Ich lasse andere ausreden, damit auch ihre Meinung gehört wird.

Meine Meinung ist wichtig und ich darf sie aussprechen.

Wenn ich etwas möchte, darf ich danach fragen.

Frische Luft tut mir wirklich gut.

Meine Eltern lieben mich.

Meine Mama liebt mich.

Mein Papa liebt mich.

Heute achte ich darauf meine Dankbarkeit zu zeigen.

Meine Geschwister lieben mich.

Affirmationen für Kinder

Instagram @Mindset_ToGo

Das Universum braucht mich.	Meine Meinung ist wichtig.	Ich kann alles schaffen, was ich mir vornehme.
Ich habe großartige Freunde.	Ich bin ehrlich.	Ich traue mich immer zu sagen was ich möchte und was ich nicht möchte.
Ich vertraue auf mein Gefühl.	Ich sage, was ich denke.	Ich setze meine Grenzen.
Ich bin schön, genau so wie ich bin.	Ich traue mir ALLES zu!	Das Leben ist schön.
Ich vertraue meiner inneren Stimme.	Ich habe den Mut Dinge auszuprobieren.	Ich darf laut sein!

Affirmationen für Kinder

Instagram: @Mindset_ToGo

Ich bin unendlich liebenswert.

Ich bin ein großartiger Sohn.

Ich werde gesehen.

Heute wird ein super Tag.

Ich habe besondere Eigenschaften.

Es gibt niemanden auf der Welt der so ist wie ich.

Ich kann, weil ich es will.

Ich bin eine wundervolle Tochter.

Ich probiere gerne Neues aus.

Ich bin so wie ich bin perfekt.

Ich traue mich zu sagen was mir wichtig ist.

Ich bin super!

Ich bin so sehr geliebt.

Ich bin wichtig und richtig genau so wie ich bin.

Ich darf so sein, wie ich bin.

Affirmationen für Schulkinder

Instagram: @Mindset_ToGo

Ich bin wirklich ein guter Freund.	Ich kann mich gut konzentrieren.	Ich kann gut lesen.
Ich kann gut rechnen und darf stolz darauf sein.	Ich bin wirklich klug.	Ich bin sehr kreativ.
Ich lerne gern.	Ich kann gut mit meinem Taschengeld umgehen.	Ich bin froh, gut in der Schule zu sein.
Ich behandle meinen Körper mit Respekt.	Lernen macht mir Spaß!	Ich bin glücklich.
Ich vergebe anderen für ihre Fehler.	Ich erreiche meine Ziele.	Ich kann bei Prüfungen die Aufgaben richtig lösen.

Affirmationen für Schulkinder

Instagram: @Mindset_ToGo

Es fällt mir leicht gute Noten zu schreiben.	Ich bin dankbar für meine Lernerfolge.	Ich bin entspannt.
Ich weiß, dass ich gut bin.	Ich kann leicht und schnell lernen.	Meine Lehrer mögen mich.
Meine Lehrer sind fair.	Meine Gefühle sind richtig.	Ich bin dankbar für meine guten Lehrer.
Ich darf meine Meinung frei aussprechen.	Ich werde unterstützt und gefördert.	Ich habe gute Freunde.
Aus Fehlern kann ich lernen.	Ich kann mich auf meine Freunde verlassen..	Ich bin dankbar für meine Talente.

Affirmationen für Schulkinder

Instagram: @Mindset_ToGo

Ich lerne aus meinen Erfahrungen.

Ich liebe mich selbst so wie ich bin.

Ich akzeptiere und liebe mich.

Ich bin dankbar in der Schule lernen zu können.

Auch wenn ich schlechte Noten mit nach Hause bringe, lieben mich meine Eltern.

Ich vertraue darauf, dass meine Lehrer fair sind.

Ich verbessere mich mehr und mehr in Mathematik.

Ich darf mich über meine guten Noten freuen und muss sie nicht verstecken.

Ich bin großartig, unabhängig von meinen Noten!

Ich bin ein Glückspilz.

Ich gehe gerne zur Schule.

Ich bin brilliant.

Jede Herausforderung macht mich klüger und stärker.

Ich bin ein Gewinn.

Heute werde ich mein Bestes geben.

Affirmationen für Schulkinder

Instagram: @Mindset_ToGo

Wenn ich an der Tafel stehe, erinnere ich mich an meine guten Noten - ich kann das!

Ich kann das!

Das morgendliche Aufstehen fällt mir leicht.

Ich genieße das Mittagessen mit Mama nach der Schule, sie interessiert sich für mich.

Ich genieße das Mittagessen mit Papa nach der Schule, er interessiert sich für mich.

Ich spreche aus, wenn mich etwas bedrückt.

Ich freue mich, dass ich so vielen Menschen wichtig bin.

Meine Eltern interessieren sich für meine schulischen Leistungen, ohne darüber zu urteilen.

Alles, was ich mache, ist eine Gelegenheit zum Lernen.

Meine Mitschüler freuen sich jeden Tag mich zu sehen.

Ich bin stolz, den Schulweg alleine zu meistern.

Ich bin hilfsbereit.

Ich bin so dankbar für ....

Ich kann alles schaffen.

Ich bin Intelligent.

Affirmationen für Schulkinder

Instagram: @Mindset_ToGo

Jeder Tag bringt neue Möglichkeiten.

Ich bin genau richtig.

Ich habe Vertrauen in mich.

Ich habe Vertrauen in meine Fähigkeiten.

Ich bin großzügig.

Ich treffe tolle Entscheidungen.

Ich kann alles Erlernte gut in meinem Kopf speichern.

Ich bin beschützt.

Was auch immer ich tue, ich gebe mein Bestes.

Ich habe viel positive Energie!

Ich kann alles werden, was ich werden möchte.

Ich kann alles schaffen, was ich mir vornehme.

Ich habe eine gute Vorstellungskraft.

Ich bin dankbar für meine Talente.

Ich teste gerne neue Ideen.

Affirmationen für Schulkinder

Instagram @Mindset_ToGo

Ich liebe
meine Augen durch
die ich sehen kann.

Ich liebe
meine Nase mit der
ich riechen kann.

Ich liebe
meine Haare.

Ich liebe
meine Ohren,
mit denen ich
hören kann.

Ich liebe
ALLES an mir.

Ich liebe
meine Hände,
mit denen
ich greifen kann..

Ich liebe meine
Beine und Füße,
weil sie mich
überallhin tragen.

Ich liebe
alles an mir,
weil alles an mir
wundervoll ist.

Ich bin schön
und einzigartig.

Alles an mir
ist schön und
genau richtig.

Ich liebe
meine Einzigartigkeit.

Ich liebe
mein Gesicht.

Ich bin so
wie ich bin
genau richtig.

Ich liebe
meine
Persönlichkeit.

Ich bin genau
so wie ich bin
gewollt und geliebt.

Meine persönlichen Affirmationen

Instagram: @Mindset_ToGo

1. Auflage
Kontakt: www.fatime-hyseni.de
Covergestaltung: Fiverr: germancreative
Coverfoto: FatimeHyseni

Printed in Poland
by Amazon Fulfillment
Poland Sp. z o.o., Wrocław

58456918R00125